世紀
人物 100

黃天蕩裡真英雄

韓世忠

陳素宜 著

三民書局

獻給孩子們的禮物

主編的話

世界上最幸福的孩子，是他們一出生就有機會接近故事書，想想看，那些書中的人物，不論古今中外都來到了眼前，與他們相識，不僅分享了各個人物生活中的點滴，孩子們的想像力也隨著書中的故事情節飛翔。

不論世界如何演變，科技如何發達，孩子一世幸福的起源，仍然來自於父母的影響，如果每一個孩子都能從小在父母親的懷抱中，傾聽故事，共享閱讀之樂，長大後養成了閱讀習慣，這將是一生中享用不盡的財富。

三民書局的劉振強董事長，想必也是一位深信讀書是人生最大財富的人，在讀書人口往下滑落的多元化時代，他仍然堅信讀書的重要，近年來，更不計成本，連續出版了特別為孩子們策劃的兒童文學叢書，從「文學家」、「藝術家」、「音樂家」、「影響世界的人」系列到「童話小天地」、「第一次」系列，至今已出版了近百本，這僅是由筆者主編出版的部分叢書而已，若包括其他兒童詩集及套書，三民書局已出版不下千百種的兒童讀物。

劉董事長也時常感念著，在他困苦貧窮的青少年時期，是書使他堅強向上，在社會普遍困苦，而生活簡陋的年代，也是書成了他最好的良伴，他希望在他的有生之年，分享這份資產，讓下一代可以充分

使用，讓親子共讀的親情，源遠流長。

「世紀人物 100」系列早就在他的關切中構思著，希望能出版孩子們喜歡而且一生難忘的好書。近年來筆者放下一切寫作，接下這份主編重任，並結合海內外有心兒童文學的作者共同為下一代效力，正是感動於劉董事長致力文化大業的真誠之心，更欣喜許多志同道合的朋友，能與我一起為孩子們寫書。

「世紀人物 100」系列規劃出版一百位人物故事，中外各占五十人，包括了在歷史上有關文學、藝術、人文、政治與科學等各行各業有貢獻的人物故事，邀請國內外兒童文學領域專業的學者、作家同心協力編寫，費時多年，分梯次出版。在越來越多元化的世界中，每個人都有各自的才華與潛力，每個朝代也都有其可歌可泣的故事，但是在故事背後所具有的一個共同點，就是每個傳主在困苦中不屈不撓，令人難忘的經歷，這些經歷經由各作者用心博覽有關資料，再三推敲求證，再以文學之筆，寫出了有趣而感人的故事。

西諺有云：「世界因有各式各樣不同的人群，才更加多采多姿。」這套書就是以「人」的故事為主旨，不刻意美化傳主，以每一位傳主的生活經歷為主軸，深入描寫他們成長的環境、家庭教育與童年生活，深入探索是什麼因素造成了他們與眾不同？是什麼力量驅動了他們鍥而不捨的毅力？以日常生活中的小故事，來描繪出這些人

物，為什麼能使夢想成真。為了引起小讀者的興趣，特別著重在各傳主的童年生活描述，希望能引起共鳴。尤其在閱讀這些作品時，能於心領神會中得到靈感。

和一般從外文翻譯出來的偉人傳記所不同的是，此套書的特色是，由熟悉兒童文學又關心教育的作者用心收集資料，用有趣的故事，融入知識，並以文學之筆，深入淺出寫出適合小朋友與大朋友閱讀的人物傳記。在探討每位人物的內在心理因素之餘，也希望讀者從閱讀中，能激勵出個人內在的潛力和夢想。我相信每個孩子在年少時都會發呆做夢，在他們發呆和做夢的同時，書是他們最私密的好友，在閱讀中，沒有批判和譏諷，卻可隨書中的主人翁，海闊天空一起遨遊，或狂想或計畫，而成為心靈知交，不僅留下年少時，從閱讀中得到的神交良伴（一個回憶），如果能兩代共讀，讀後一起討論，綿綿相傳，留下共同回憶，何嘗不是一幅幸福的親子圖？

2006 年，我們升格成為祖字輩，有一位朋友提了滿滿兩袋的童書相送，一袋給新科父母，一袋給我們。老友是美國國家科學院院士，曾擔任過全美閱讀評估諮議委員，也是一位慈愛的好爺爺，深信閱讀對人生的重要。他很感性的說：「不要以為娃娃聽不懂故事，

我的孫兒們一出生就聽我們唸故事書，長大後不僅愛讀書而且想像力豐富，尤其是文字表達能力特別強。」我完全同意，並欣然接受那兩袋最珍貴的禮物。

因為我們同樣都是愛讀書、也深得讀書之樂的人。

謹以此套「世紀人物100」叢書送給所有愛讀書的孩子和家庭，以及我們的孫兒——石開文，他們都是世界上最幸福的孩子，因為從小有書為伴，與愛同行。

認識韓世忠之前，我先認識了梁紅玉。

在隨時可能失去生命的戰場上，是怎樣的膽識，讓一個女子敢站在最顯眼的地方，擊鼓指揮軍隊？

在國家積弱不振、強敵時時入侵的年代，是怎樣的堅忍，讓一個女子支持丈夫在懦弱的皇帝面前，力主收復失土？

因為對梁紅玉的好奇，開始收集她的資料，進而認識了韓世忠。原來宋朝的抗金名將，除了岳飛之外，還有一個韓世忠！原來在岳飛冤死的同時，還有一個韓世忠自此不再過問政事，抑鬱以終！原來南宋真的曾經大有可為，只是錯失了良機！

一方面因為歷史上關於梁紅玉的記載不多，再方面韓世忠的一生征戰也十分精采，於是這本傳記的傳主，由梁紅玉變成了韓世忠。不過因為對梁紅玉的念念不忘，所以書名取為「黃天蕩裡真英雄：韓世忠」，因為韓世忠在黃天蕩一戰成名，他能打勝的原因之一，正是他的夫人梁紅玉親自上陣擊鼓，以大旗告知敵軍方向的緣故啊！

說起韓世忠，對小讀者來說最值得一提的，應該是他決定從軍之前的年輕歲月裡，曾經是個不折不扣的小流氓！鄰里間的鄉親，對他避之唯恐不及，因為不但不能說他的壞話，連說他的好話也不

行。就有一個算命仙，說韓世忠將來可以在朝廷當大官而被他揍了一頓，因為他認為算命仙是在諷刺他。這樣的一個人，在找到適合他的工作，發揮專長，堅持原則，奮戰不懈之後，真的如算命仙所說，小流氓當上了大官員！雖然晚年失去兵權，未能達成願望為國家收復失土，但是美好的仗已經打過，韓世忠也不枉此生了。

俗話說：「天生我材必有用。」小讀者是否在韓世忠的故事當中，看到了了解自己、發揮專長、努力不懈，最後終究可以成功的道理？

相對於韓世忠的了解自己，宋朝的幾個皇帝就沒有找到適合自己的位置。徽宗如果不當皇帝，憑他對於藝術的喜愛、高超的鑑賞能力，絕對會是個優秀的藝術家；高宗如果繼續當他的康王，讓有領導才能、知人善任的人來當皇帝，南宋應當還大有可為。只是出身在帝王之家，有很多事情不能盡如人意，連自己想做什麼，都不能自己安排，也真是無可奈何的事情哪！

出生於現代的小讀者，比古代帝王家的小孩自由多了，好好了解自己的專長與興趣，你有太多太多有趣的事情可以做了。像韓世忠一樣孔武有力、精於戰略的人，除了當兵之外，還可以當警察；像梁紅玉一

樣勇敢不怕死的人，除了上戰場之外，還可以上太空；像徽宗皇帝這樣多才多藝的人，可以當畫家、鑑賞家、收藏家或是評論家；至於像高宗皇帝這樣到處跑的人可以做什麼呢？這就要考驗小讀者們的智慧囉！

寫書的人

陳素宜

　　她在國小當老師當了很久很久，久到小朋友來跟她說：「老師，我的媽媽也是妳的學生喔！」也就是說，小朋友家的兩代人，都是陳老師的學生啦！

　　因為當了很久很久的小學老師，所以陳老師心中住了一群小朋友。陳老師跟這群小朋友一起看小朋友喜歡看的書，跟這群小朋友一起做小朋友常會做的夢，她也常常寫故事、童話、小說和散文給這群小朋友看。你現在看了她寫的這本書，也就住進了她的心裡，歡迎你跟大家一起看書、一起做夢、一起長大！

黃天蕩裡真英雄

韓世忠

目次

世紀人物
100

韓世忠

1089～1151

1 小流氓去當兵

很久很久以前，大概將近一千年前，北宋年間的陝西延安地方，有個年輕人叫做韓世忠。他的身材高大，力氣十足，膽子也不小，連野外剛捉回來、沒有訓練過的野馬，他也可以騎上去好一會兒。只是，他家裡窮，沒錢給他念很多書，所以他常常到市集上去晃蕩。

韓世忠的脾氣不好，又愛喝酒，而且非常不喜歡人家管他。所以，附近的人給他取了一個外號，叫做「潑韓五」，意思是小混混的頭頭。大家遠遠的看見他來了，就會趕快躲開，免得倒楣成了他的出氣筒。不過，聽說人們躲著他還有一個更重要的原因，就是他身上長滿了疥瘡，臭得要命，很多人受不了那個味

道，當然就跑得遠遠的啦！

這天，韓世忠沒事又到街上來閒逛。奇怪的是，臭臭的味道不見了！人們推推擠擠的想靠近他，又不敢靠太近，每個人都拉長脖子，睜大眼睛盯著他看。

「看什麼？不認識你爺爺我了嗎？」

韓世忠莫名其妙被看得很不高興，他也張大眼睛回瞪那一群好事的人。

「韓爺，那件事是真的囉？」一個膽子比較大的人問他。

「什麼事真的假的？」

「就你跟蟒蛇拼命的事呀！」

「蟒蛇？把話說清楚點！什麼蟒蛇不蟒蛇的？」

「有人說啊，前一兩天，你到河裡去游泳，遇見了一條大蟒蛇。蟒蛇張大嘴，想要一口吞了你。你兩手一伸，上下抓住蛇的大嘴巴，使勁撐住。大蛇吞不了

你，就用又長又粗的身子纏住你。你就這樣被蛇纏著上岸回家，還用菜刀把蛇頭剁了。」

那個人說得活靈活現，韓世忠這個當事人聽得興趣盎然，急著問他說：「後來呢？後來呢？」

「聽說後來你把那條蟒蛇剝皮煮了吃，一身的疥瘡就全都好啦！韓爺，這事情，是真是假？」

「你說是真是假？」

「我看你現在皮膚光滑，臭味也沒了。這事應該是真的吧？」

「你信它就是真，不信它就是假。」

大家看韓世忠今天心情不錯，就七嘴八舌的問他：「韓爺，那蟒蛇到底有多大？」

「蛇湯味道怎樣？」

韓世忠懶得理會他們，拔腳就要往前走。一個算命仙卻叫住了他：「年輕人，等一下！我看你這個面相，英氣逼人，天生富

貴，將來一定位居三公，權大勢
大，不得了哇！」

「三公？三公是做什麼的？」

「三公是朝廷大官呀！來，
來，來，我幫你算得更詳細一
些。」

韓世忠一聽三公是朝廷大
官，不但不高興，反而非常生
氣。他知道自己沒讀多少書，大
家背地裡都叫他「潑韓五」，這
老頭還說他會當大官，這不是胡
說八道就是挖苦諷刺他。韓世忠
一氣之下，揮拳打了算命仙一
頓。

不過韓世忠知道這樣一直混
下去也不是辦法，十八歲那年，
他決定去當兵＊，希望能在軍隊
中找到表現的機會。算起來，韓
世忠還真是塊當兵的料。他個子
高、力氣大，騎馬拉弓射箭樣樣
都第一。

宋徽宗崇寧四年 (1105 年)，北方

的西夏國派兵侵犯宋國的邊界。韓世忠跟著軍隊一起被派去打仗，來到了銀州這個地方。西夏國的城池堅固，韓世忠過關斬將，把敵人將領的腦袋砍下來，丟到城上的短牆外面。其他士兵跟著乘勝追擊，西夏國的士兵棄城逃跑，宋國大勝。後來兩軍又在蒿平嶺對陣，韓世忠率領精銳部隊跟西夏軍纏鬥，終於把敵軍擊退。在作戰的過程當中，韓世忠發現西夏軍隊裡，有一個騎士非常厲害。他問西夏俘虜，那個騎士是誰？西夏俘虜告訴他：「那

放大鏡

＊宋朝的軍隊分為禁軍、廂軍、鄉兵、蕃兵四種。禁軍是皇帝的衛兵，從各州募兵選出強壯的人來擔任。他們的主要任務是在防衛首都，替國家打仗，是宋國王室最精銳的正規部隊。廂軍是各州的守軍，平常很少訓練，素質比不上禁軍，很難上戰場打仗。主要任務是留在城廂擔任畜牧、修繕和防衛地方的任務。鄉兵就是民兵，有些用選的，有些是政府出錢招募來的，主要任務是防守地方，補禁軍不足之處。蕃兵跟鄉兵差不多，不過他們是由邊塞部落的外籍人士組成，主要任務是防衛邊塞，其他跟鄉兵一樣。十八歲的韓世忠從軍，當隸屬鄉兵。

是監督我們軍隊的駙馬爺啊。」

韓世忠一聽這個人來頭不小，立即跳上馬背，衝過去就把西夏駙馬爺的頭給砍掉了。敵人大吃一驚，沒想到宋軍有這一號人物，嚇得不敢跟他對打，全都跑了。

韓世忠的長官把他的功績向上呈報，負責掌管邊界事務的宦官童貫，卻認為不可能有這麼勇猛的人，一定是軍隊裡的長官誇大其詞，所以就沒有給韓世忠什麼獎賞。大家都為韓世忠感到憤憤不平。

這個不相信韓世忠才能的童貫，是徽宗眼前的大紅人。他很會巴結皇帝，知道徽宗喜歡風雅的藝術品，不僅利用主持蘇杭造作局的機會，監督工人製造了很多精緻的器具之外，還在民間搜括一些古樹奇石送給徽宗。加上他的好朋友蔡京正是當朝宰相，

常常在徽宗面前替他說好話，所以徽宗很重視他，讓他領兵作戰。遇到像這樣識人不明的將領，韓世忠也只好更努力的表現了。

在天降山砦時，韓世忠趁著晚上敵人守備疏忽的時候，悄悄的爬上城去，砍了兩個敵軍的頭顱，還把他們的護城氈割下來獻給長官。接著在佛口砦、藏底河這些地方跟敵人作戰的時候，韓世忠都有很好的表現。

從前在市集裡鬼混，人見人怕的小流氓，終於在軍隊中找到努力的方向，開始一步一步的向上爬了。

2 方臘造反

　　沒有家世背景當靠山，也沒有萬貫家財來撐腰，韓世忠全靠一身本領，在軍隊中等待表現的機會。

　　宣和二年（1120 年），機會來了。在浙江睦州清溪這個地方，有個叫做方臘的人，起兵作亂。他說自己是聽從上天的命令，帶領大家反抗欺負人民的官吏。他自稱是「聖公」，用「永樂」記錄年代，還設置將領和百官，根本就是建立一個自己的王國。沒多久，竟然有幾萬人跟隨方臘一起作亂。

　　方臘起兵的原因，就要從朱勔說起了。崇寧四年（1105 年），徽宗聽從宰相蔡京的意見，在蘇州設立了蘇杭造作局，由朱勔負責為皇帝收集賞玩的花石。花石就是

10

指形形色色、不論大小，只管外表是否奇特的各種石頭和一些奇花異草，古木奇樹。徽宗皇帝以為自己接受的是一些老百姓不要的東西，事實上卻是朱勔這些官吏仗著皇帝的特權，用粗魯蠻橫的態度從老百姓那裡搶來的。如果有哪個人捨不得這些東西，朱勔他們就會用不尊敬皇帝的罪名，把老百姓抓起來。

蘇杭造作局的所在地江浙一帶，有很多人就為了花石這東西弄得家破人亡，方臘就是其中一個倒楣鬼。原來方家世代居住在睦州清溪這裡，擁有一大片山林和一個漆園。他們經營木材生意很成功，家裡很有錢。不過方家惹上朱勔的，倒不是因為什麼花石，而是他們家的那一片參天古樹。原來是宰相蔡京被除去相位，貶到杭州來的時候，朱勔的父親朱沖為了替蔡京蓋一座寺

廟，使用了上千根的珍貴木材。這些木材，就是蘇杭造作局不花一文錢從方臘家的那一大片山林中搶來的。方臘不堪這巨大的損失，更受不了官吏們仗勢欺人的嘴臉，於是就帶頭起兵叛亂了。

方臘最大的武器，並不是什麼弓箭甲冑，而是宗教信仰。在江浙一帶人們信奉摩尼教*和道教，十分迷信。方臘就利用人們迷信的心理，用神啊、鬼啊和一些咒語，來迷惑、恐嚇民眾。人們一方面怕受到神鬼的懲罰，一方面也是對朱勔的不滿，所以並沒有抵抗方臘，讓他很快的就攻下好多個地方，最後連杭州城也被他攻下。

放大鏡

*摩尼教 由波斯人所創立，融合了祆教（拜火教）、基督教和佛教的教義。在中國也稱為明教或牟尼教，大約在唐朝時傳入中國。道教則是中國土生土長的宗教，崇拜多神，追求得道成仙，救濟世人。

　　徽宗皇帝本來不知道方臘叛亂的消息，還在皇宮裡飲酒作樂、賞玩花石。直到方臘越鬧越大，地方官利用緊急奏章告訴皇帝，徽宗才大夢初醒的派童貫帶領十五萬大軍討伐方臘，並頒令誰要是能砍下方臘的頭顱，就讓誰升大官。

　　這時候韓世忠是王淵手下一個小小偏將，跟隨軍隊到杭州討伐方臘。他們的軍隊剛到，叛賊就來挑釁，聲勢非常囂張，王淵與眾將領一時不知道怎麼辦才好。只有韓世忠鎮定的向王淵請求兩千名兵力，讓他去突襲賊兵。

　　韓世忠帶這兩千名士兵，埋伏在北關堰，等叛軍經過的時候，突然攻擊他們。賊兵遇襲一時反應不過來，陣腳大亂。韓世忠趁這個機會追擊，賊兵受創嚴重。王淵聽到勝利的消息，非常

敬佩韓世忠的勇敢與謀略，稱讚他是一夫當關，萬夫莫敵的勇士，還把價值不菲的隨身金器賞給韓世忠。

在宋軍的圍剿下，方臘及叛軍節節敗退，最後逃到清溪峒。清溪峒是個到處都有岩石洞穴的山谷，追擊的官兵搞不清楚賊兵到底躲在哪個洞穴裡，因此暫時駐紮在進出清溪峒的山谷口，無計可施。

韓世忠在營中苦苦思考怎樣可以找出方臘藏身的洞穴。他遠遠望去，深深的山谷裡面，方臘到底躲在哪裡呢？

「不入虎穴，焉得虎子。我還是潛入峒裡去看看再說。」

徵得長官同意後，韓世忠帶領一些士兵沿山谷偷偷的進入清溪峒。在路上遇見了一個老婆婆。他跟老婆婆問路，看她知不知道方臘躲在哪裡。老婆婆本來

一句話都不肯說，後來她想起方臘帶領叛軍進入山谷的情形。當時有好多年輕婦女被迫跟著軍隊前進，她們一路哭哭啼啼的，一看就知道是被叛軍抓來的良家婦女。老婆婆覺得雖然方臘是為了反抗朱勔那些官吏而起兵叛亂，可是卻四處殺人、燒城、搶劫，百姓反而比以前更痛苦。於是，老婆婆就把方臘前進的路線告訴韓世忠。韓世忠依照老婆婆的指點，帶領士兵走過好幾里路，來到方臘躲藏的洞穴。韓世忠一馬當先，打敗了十幾個看守洞口的衛士之後，衝入山洞裡，把方臘活捉起來，並俘擄了方臘的一些隨從。

方臘被抓了以後，原本跟隨他的賊兵全都逃了，有很多被他們捉來的婦女也逃出了山洞。她們全都赤身裸體的一面跑，一面哭，一個一個都跑到路旁的樹林

裡上吊自殺了。長長一百里路的樹上，都掛著自殺的婦女，情況非常悽慘。

　　韓世忠帶著俘虜才來到洞口，就遇上宋軍的另一個將領辛興宗帶兵趕來。他命韓世忠將俘虜交出來，裡面當然包括帶頭作亂的方臘。於是韓世忠的功勞就這樣被辛興宗給搶走了！當皇帝獎賞平定方臘之亂的功臣時，真正抓住方臘的功臣韓世忠卻沒有受到賞賜。直到隨行別帥楊惟忠把事情的真相稟告皇帝，才讓韓世忠得到應有的榮耀。

3　姻緣天注定

「大爺，裡面坐，裡面坐呀！」

「哎喲！是李大爺啊，你很久沒來啦，是不是把我們這兒給忘啦？」

「來！來！來！我們這新來了幾位標緻的姑娘，大爺們進來坐坐吧！」

京口這地方的妓院在有軍隊駐紮的時候，總是特別熱鬧。那些成天在戰場上出生入死的士兵們，能留下一條命平安回來，總會到這裡來喝酒聊天，或是聽姑娘們唱唱歌。

「欸！老孃孃呀，我聽說你們這來了一位姑娘叫梁紅玉，琴棋書畫樣樣都行。更屬害的是拉弓射箭，百發百中。怎麼不請出來讓我們見識見識呢？」

「是啊！這紅遍京口，無人不知，無人不曉的梁姑娘，怎麼不出來見客呢？是不是瞧不起我們這些當兵的老粗呀？」

「哎喲喲！軍爺們，快別這麼說。我們怎麼敢看不起你們這些衣食父母呢？紅玉一早就起來梳妝打扮啦，為的就是要伺候各位軍爺呀！再等一下，我這就去把紅玉給叫出來。」

梁紅玉坐在房裡的鏡臺前，正在梳理那一頭烏黑的秀髮。梳著、梳著，一顆顆淚珠竟然流了下來。她想起了從前祖父和父親還在世的時候，想起了在池州的家鄉。那時候，祖父和父親都是武將，她則是他們的掌上明珠、千金小姐。住在家裡的老師，教她讀書寫字。寵愛她的父親，親自教她騎馬射箭。每次看見她射出的箭正中目標，父親高興之餘，總是嘆口氣說：「唉！妳要是

兒子就好了。」

　　是啊！梁紅玉要是兒子就好了。她要是男人的話，就可以跟父親一起上戰場，就可以在父親最需要她的時候，幫助父親，保護父親了。她永遠記得，祖父和父親被朝廷派來的官員脫去官服，摘去官帽時，他們臉上絕望的表情。她知道，當時父親心裡想的一定是：「紅玉要是兒子就好了！」

　　要不是方臘造反，祖父和父親一時錯判情勢，他們就不會因為貽誤軍機被判死刑。要不是方臘造反，她就不會流落到京口的妓院來賣笑陪酒。要不是方臘造反，……

　　「紅玉呀！妳打扮好了沒？樓下那些軍爺們，指名要妳去陪呢！」老嬤嬤洪亮的聲音在門外響起。

　　老嬤嬤人還不錯，對梁紅玉

十分照顧。她常常跟梁紅玉說，別想太多，找個好人家嫁了才是最重要的事情。等到哪天人老珠黃，連妓院也待不下去的話，那可真是無處可去了。

「來了！嬤嬤。」梁紅玉趕緊擦乾眼淚，清清喉嚨回答嬤嬤。平時她並不是這麼軟弱的，只是想起了父親，想起了家鄉，她不由得悲從中來。

「好了，好了，嬤嬤陪妳下樓去吧！」

樓下吃吃喝喝的士兵們，看到一個柳眉大眼、粉臉桃腮的漂亮姑娘從樓梯上緩緩的下來，個個都看傻了眼，張著嘴巴說不出話來。梁紅玉落落大方的來到酒席之間，看到滿座癡癡看著自己的呆頭鵝，嘴角微微揚起笑了起來。這麼一笑，更是驚豔滿座，好一會兒才有人回過神來說了一句：「姑娘，喝酒。」

　　梁紅玉看這滿屋的士兵，個個平平庸庸，沒一個她看得上眼的。坐了一會兒，她推說頭疼，就回樓上去了。老嬤嬤心疼一個官家小姐淪落到風塵中陪酒，也不勉強她，隨她去了。

　　這天晚上，妓院門口來了一個小兵，大聲嚷嚷著要請幾位姑娘到將軍府去陪酒。當然，能文能武的紅牌名妓梁紅玉也在邀請之列。原來是童貫大將軍平定方臘之亂後，班師回朝，這會兒特別擺開筵席，犒賞眾將士。於是一群姑娘們來到將軍府，魚貫的走入筵席的大廳。梁紅玉走在最後面，她看見其他的姑娘們全都進去了，本來想加快腳步趕上她們，忽然看到門外的柱子旁，躺著一隻大老虎，呼嚕呼嚕的睡得正熟。

　　「有……有老虎呀！」

　　要是其他姑娘，大概就嚇昏

過去了。還好梁紅玉膽子本來就大，又是武將家族出身，她轉身跑去求救。

一群人有的拿棍棒，有的拿弓箭準備要來打老虎。大家戰戰兢兢的走到梁紅玉看到老虎的地方，卻只看到一個高大魁梧的韓世忠站在柱子旁伸懶腰，一副剛剛睡醒的樣子。

「欸！是韓世忠呀！你剛才有沒有看見一隻大老虎在這裡睡覺？」

韓世忠揉揉惺忪的雙眼，看看眼前這群拿著武器的同僚，一副輕鬆自在的樣子說：「什麼大老虎、小老虎的，就我一個人在這裡打盹呀！你們緊張個什麼勁兒？」

「是你在打盹？可是我明明看見一隻老虎呀！莫非……」

韓世忠看見眼前這個標緻的姑娘，本想逞逞英雄，說老虎被

自己趕跑了。但是英雄不能說謊呀，他只得老實的說：「姑娘，我在這裡好一陣子了，確實沒有看見什麼大老虎。」

「哎呀！紅玉姑娘，大概是妳眼花了，把咱們韓世忠看成大老虎了。」

大家看看沒什麼事情，就各自離開了。

「你叫韓世忠？」

「妳是梁紅玉？」

還站在柱子旁的兩個人，不約而同的問起對方的姓名。韓世忠早就聽說京口名妓梁紅玉的名聲，今天見面，果然名不虛傳，是個標緻的大美人。梁紅玉雖然沒聽過韓世忠的大名，但是她相信並不是自己眼花了，眼前這個人應該不是普通人，或許他是虎神的化身，將來必定有一番作為。

「欸！你們兩個杵在這裡做

什麼？紅玉姑娘快進來，我們將軍想要見見妳呢！喔，韓世忠，你也進來一塊喝酒吧！」

在酒席之中，梁紅玉聽說了韓世忠正是活捉方臘的大英雄，只是功勞給辛興宗搶走了，所以沒有受到獎賞。於是梁紅玉更肯定了她對韓世忠的看法，心裡做了一個決定：要嫁就要嫁這種人哪！

梁紅玉回到妓院，把心裡頭的決定告訴老嬤嬤。老嬤嬤想看看韓世忠是怎樣的一個人，就派人請韓世忠到家裡來吃頓飯。事後，老嬤嬤贊同梁紅玉的眼光，認為韓世忠是個值得託付終身的人選，她就把梁紅玉的心意跟韓世忠說了。韓世忠本來就對梁紅玉有好感，於是答應這門婚事，也成就了一段好姻緣。

北方強悍的敵人

宋國的北邊，總是有個非常強悍的敵人。先是契丹人建立的遼國，後來則是女真族建立的金國。

遼國是由契丹人建立的國家。契丹人本來分成八部，各部由自己的「大人」管理，然後再從八位大人中，共同推舉一個人出來管理八部共同事務，每三年改選一次。

有一年，契丹八部推選出來的共同管理人叫做耶律阿保機。他是一個很有野心的人，希望長保八部大人的地位，而不受三年的限制。他聽說南邊漢人的君主，採用的是世襲制度，就是父親死了，王位就傳給兒子，兒子死了，再傳給孫子。這樣一直傳下去，王位永遠都是這家人的。

耶律阿保機非常喜歡這種方法。

可是，要怎樣改變這個很久以前就傳下來的制度呢？耶律阿保機聰明的太太想到了一個好辦法，她舉辦了一個盛大的宴會，請八部大人一起來她家吃飯。宴會中供應大量的美酒，讓所有的貴賓喝得東倒西歪，不省人事。然後派出事先埋伏的士兵，輕而易舉的就把其他七部的大人全部殺死。耶律阿保機就這樣成了契丹皇帝。耶律阿保機死後，帝位傳給他的兒子耶律德光。耶律德光消滅政敵之後，統一了契丹，開始向南侵略漢人。

契丹人生活在大草原上，很會騎馬打仗，南邊的漢人常常打不過他們。尤其是唐朝滅亡以後，分裂成好幾個國家，互相攻來打去，就是歷史上所謂的「五代十國」時期。這些國家有時候為了要打贏對方，就會給遼國一

些好處，請他們幫助自己。其中，有個叫做石敬塘的人，他為了要當皇帝，就向耶律德光求救。只要耶律德光幫他當上皇帝，他就把燕雲十六州＊這塊地送給遼國，而且會以侍奉父親的態度，來對待耶律德光。

就是在這種情形之下，燕雲十六州從石敬塘的手中送給了遼國。一直到宋太祖趙匡胤統一南邊漢人的領土，建立大宋，燕雲十六州一直都是歷代皇帝想要收復的領土。

遼國歷經幾任皇帝，國勢漸漸由盛轉衰。到了天祚帝的時候，和女真族發生嚴重的摩擦，埋下遼國滅亡的種子。

女真族分成兩部分，居住在

放大鏡

＊燕雲十六州　位於太行山南北，十六州東西寬約六百公里，南北長約二百公里，所處地勢居高臨下，易守難攻，具有很高的軍事戰略地位。

遼國境內，接受遼國統治的叫做熟女真；居住在北邊森林地帶，不受遼國統治的稱為生女真。生女真中，有一個位於混同江支流一帶的完顏部落，因為土地肥沃可以耕種，又出產砂金、良馬和珍珠，所以經濟比較富裕，勢力就逐漸強大起來，成為生女真的領導中心。本來完顏部落和遼國各管各的人民，各過各的日子，井水不犯河水，相安無事。後來因為「海東青」，兩邊開始了一場大戰。

　　海東青是一種獵鷹的名字。這種獵鷹長得嬌小玲瓏，但是威力無窮，是獵人打獵的好幫手。遼國的天祚帝很喜歡打獵，所以非常迷戀海東青，常常派使者到完顏部落去收集海東青。其實，遼國是當時北方勢力最強的國家，完顏部落每年都會進貢一些禮物給遼國，裡面當然包括天祚

帝最愛的海東青。只是天祚帝總是等不及每年的進貢，便派特使到完顏部落去。

問題是海東青是一種很稀有的鳥類，不是想要一就馬上抓得到的。遼國的特使到了完顏部落之後，總是規定女真人在一定的時間內就要交出來。如果交不出來就要接受處罰，常常因此而鬧出人命來。更過分的是，這些特使除了抓鳥之外，對於完顏部落的另一項特產珍珠，也很喜歡。即使是天寒地凍，水面結冰好幾尺，他們也要女真人把冰鑿開，下去採集珍珠。在那麼冰冷的水中，常常是珍珠採集到了，人也奄奄一息了。不只是這樣，除了獵鷹和珍珠，這些遼國特使還喜歡美女。只要看到美麗的女人，不管她是貴族平民，不管她已婚未婚，想盡辦法就是要搶到手。女真人對這些遼國來的特使，深

惡痛絕，恨之入骨。

完顏部落的領袖阿骨打，努力認真的經營自己的部落，為的就是有一天要向遼國討回公道。終於在宋徽宗政和四年(1114年)的時候，完顏阿骨打起兵向遼國宣戰。遼國天祚帝派大軍對抗，卻不是完顏阿骨打的對手，大敗而回。第二年，完顏阿骨打建國稱帝，他的國家就是金國。

宣和二年，徽宗聽說金國建立以後，常常把遼國的軍隊打得抱頭鼠竄，就想聯絡金國，兩面夾攻遼國，好收回石敬塘送給遼國的燕雲十六州，完成歷代皇帝的願望。後來，宋金達成協議一起攻打遼國，雙方約定金攻中京，宋攻燕京，事成之後，宋將給遼的歲幣獻給金國；燕雲十六州歸還於宋，其餘歸屬金國。

金國由北向南大敗遼軍，但是童貫領十五萬宋軍攻遼，卻被

遼軍打得灰頭土臉。最後還是金國派兵拿下了燕京，結束了這場戰爭。戰事結束後，宋要求金歸還燕雲十六州的土地，但是金卻以宋沒有攻打燕京為由，只交還太行山以南的七城，並且占據燕京不肯離開。一直到宣和五年，宋答應付給金人一筆補償金，金人才把燕京等城交給宋國，但是城內的所有財富早已被席捲一空，宋國得到的不過是空城而已。

　　也是在宣和五年這一年，建立金國的完顏阿骨打死了，由他的弟弟繼位當皇帝。到了宣和七年，金人抓住遼國的天祚帝，遼國正式滅亡。從此金國代替了遼國，成為宋國北方最強悍的敵人。

5

靖康之恥

　　金國在與宋國合作攻遼的過程中，知道宋國的實力很弱，金國皇帝也想向南擴張版圖，只是一方面找不到起兵攻宋的理由，一方面遼國的威脅仍在，不好與宋國撕破臉。如今，遼國既除，金國便以宋國不守信用和收留金國叛變將領的理由，興兵攻打宋國。金國所說的不守信用，指的是宋國答應金人交還燕京的話，會給他們一筆補償金。可是金國交出的燕京是一座空城，所以宋國不願再給金國補償金。所謂收留金國叛將一事，就是遼國駐守在平州的張覺，原本投降金國，後來改投降宋國，等到金國出兵拿下平州，宋國逼不得已殺了張覺。雖然如此，金國還是以這個理由攻打宋國。

金國大軍分兩路南下，東邊由平州進攻燕京；西邊由雲中進攻太原，東西二軍約定於宋國京城汴京會師。西邊的太原本來由童貫駐守，他根本沒有抵抗就逃回京城，還好太原知府張孝純固守不退，才把金人擋下來。可是東邊的燕京就慘了，宋國守將郭藥師，大開城門投降，還當帶路前導，領著金兵東路軍南下。金國大軍勢如破竹，進逼汴京。宋徽宗害怕的趕緊宣布退位，把帝位傳給太子，也就是欽宗。欽宗即位，用「靖康」紀年(1126年)。

　　這時候金國大軍壓境而來，欽宗派梁方平和韓世忠率軍駐守濬州。濬州位處黃河北岸，是進入汴京的重要關口。沒想到梁方平竟然在敵人快要來到的時候就逃跑了。他所帶領的數萬軍隊，也都分散逃走，留下韓世忠孤軍一支，被敵軍重重包圍。韓世忠

領軍盡全力作戰，衝出包圍之後，燒掉路過的橋梁，斷了敵人追來的路線，終於回到了京城，卻也無法挽救京城危迫的局面。

濬州被破，金國大軍長驅直入，包圍京城，欽宗不得已只好跟金國和談。金國仗著優勢，提出來的條件非常苛刻。包括：

(一) 宋國要給金國黃金五百萬兩、銀五千萬兩、布匹一百萬匹、牛馬一萬頭。

(二) 宋國皇帝要尊稱金國皇帝為伯父。

(三) 送還羈留在宋國境內燕、雲這兩個地方的金國人。

(四) 太原、中山、河間三鎮割讓給金國。

(五) 宰相、親王到金國做人質。

宋國雖然沒能力做到這些要求，但是打不過人家，沒有討價

還價的本錢，只好暫時答應金國的條件再說。於是金國軍隊撤軍回北方，危機暫時解除。

但是，一波未平，一波又起。濬州之戰後不久，宋將張師正在北方抗金，兵敗被殺，他的部屬李復趁機反叛，帶領數萬民眾在山東一帶作亂。韓世忠奉命前往平亂。韓世忠帶領不到一千人的部隊，來到了臨淄河。韓世忠的部隊人數不到叛軍的十分之一，而且經過長途行軍，隊伍疲憊，士氣明顯不足。因此，他決心破釜沉舟，與敵軍決一死戰。他把部隊分成四隊進攻，在回頭的路上散滿帶著尖刺的鐵蒺藜，表示絕不後退的決心。韓世忠還下命令說：「前進就會勝利，後退只有死路。誰要是想逃跑的話，革殺勿論！」於是所有的士兵都不敢回頭，以拼死決戰的精神向前衝去。

　　兩軍交戰不久，韓世忠連連攻破敵陣，擊斃帶頭叛變的李復，其他上萬的叛軍潰散逃跑，不敢再戰。韓世忠率軍緊追在後，當天晚上，追至敵軍夜宿紮營的地方。韓世忠心想，這不滿一千人的軍隊，要對抗上萬賊兵，恐怕勝算不大，得用點計策才行。

　　韓世忠獨自騎馬到賊兵紮營的地方，大聲喊叫告訴他們：「朝廷大軍就要來了，你們趕快收拾武器投降，我還能保全你們的性命，大家一同享受功名富貴。」

　　賊兵看他敢一個人來警告大家，以為他說的是真話，嚇得膽戰心驚，連忙棄械投降。一直到第二天早上，都沒有看到朝廷大軍的蹤影，大家才知道被韓世忠騙了，可是後悔已經來不及了。他們也很佩服韓世忠的大智大勇，便誠心屈服，一場叛亂就此

落幕。

　　韓世忠因為這次的功勞，被召入朝，授予單州團練使的職位，屯守滹沱河。不久，傳來太原失守的消息，各地與金兵的戰事再起，韓世忠也率軍力抗金兵。靖康元年十一月，金國東西兩路軍會師汴京，展開猛攻，汴京城被攻陷，金人入城大肆搜刮。隔年，他們把已經退位的徽宗和現任的欽宗抓起來，和皇親國戚、朝廷官員三千多人一起帶到北方關了起來。這件事在歷史上被稱為「靖康之恥」，而北宋政權也宣告結束。

　　韓世忠得知這個消息，悲憤不已。這真是不共戴天的亡國之仇！那些帶兵的大將們，難道一個個都是沒有能力的庸才嗎？其實都是因為朝廷內部一直無法團結一致的關係，大臣們有的主張找機會跟金國和談，有的主張以

武力解決，而皇帝卻優柔寡斷不
知道怎麼辦才好。韓世忠只恨自
己不是獨當一面的大將，無法發
揮長才解救國難。而那些貪得無
厭的金人會就此罷休嗎？韓世忠
實在不敢想。

6

從北宋到南宋

　　金國人攻陷宋國的京城以後，並不想留在這裡稱王。他們擔心離開家鄉太遠，停留在南方太久，無法得到支援。萬一宋國其他將領來攻，他們會無力抵抗。他們的解決辦法就是建立一個傀儡王國，找一個宋國的官員來當皇帝，這個皇帝什麼事情都得聽金國的命令。這樣一來，就等於是金國在統治這個地方啦！

　　金國的如意算盤打在他們圍攻汴京時，力主議和的宋國宰相張邦昌的身上，但是他們卻故做樣子，要宋國的官員推舉張邦昌。大部分的官員迎合金國人的決定，在推薦表上簽了名。但是也有一些人不肯簽名，表示該由宋國王室趙家人繼續當皇帝才對。這些對趙氏忠心的人當中，

秦檜就是其中一個。只是他們的反對一點用處都沒有，反而激怒了金人，將他們抓了起來。張邦昌還是在金國人的命令下，當了皇帝，建立楚國。楚國建立後，金國人帶著搜刮而來的財寶和宋國兩位皇帝及大批后妃、朝臣返回北方。

金國人以為把宋國王室所有可能當上皇帝的人都抓走了，沒想到在南邊還有一隻漏網之魚，他就是徽宗的兒子、欽宗的弟弟——康王趙構。當初，欽宗即位時跟金國簽定條約的其中一條，是要宰相、親王到金國去做人質。金國最先的人選是宰相張邦昌和康王趙構。只是因為康王非常鎮定，金國人以為他不是親王，所以沒有拘留他，放他回到南方，換另一個親王去當人質。汴京淪陷的時候，趙構在相州擔任大元帥，也曾派兵想要解救京

城的危難，只是沒什麼作為。現在，他是宋國唯一的希望了。

金國人一走，張邦昌馬上自動退位。他也不是不想當皇帝，而是這楚國皇帝只能管汴京一個城，還得聽金國人的命令做事。更重要的是，沒了金人的支持和保護，天下還是宋國趙氏的，所以不到三天，張邦昌就不敢做楚國皇帝了。他請出徽宗前一任皇帝哲宗的老婆——元祐皇后來垂簾聽政，負責國事。這元祐皇后怎麼沒被金國人抓走呢？原來她是被哲宗廢掉的皇后，已經不算是王室成員了。元祐皇后知道，還有一個康王在南邊，就派遣使者去勸他負起復興國家的責任。

靖康二年五月，在各方的擁立之下，康王在南京即位，以「建炎」作為年號（1127 年），就是高宗，宋朝歷史正式進入「南宋」時期。高宗現在最重要的任務當

然是把金人擄走的兩位皇帝救回來，洗刷宋國的奇恥大辱。

高宗一即位，立刻起用主戰派的李綱為宰相，又有宗澤、韓世忠、岳飛等名將，各地勤王＊的軍隊也紛紛來到，即使外有金兵、內有各地為亂的叛兵，宋國一時間氣勢盛大，頗有中興的氣象。

韓世忠建議高宗把首都移到長安，出兵收復河東、河北兩郡，讓天下百姓知道大宋有主，各地義軍便會來附。但是其他官員不贊成，他們認為應該先平定國內到處竄出的叛賊。於是，高宗便派各路軍馬剿平國內叛兵。

國內動亂才剛平定，北方金國的軍隊卻又來了。

金國以宋國滅了楚國，還把他們扶植的皇帝張邦昌處死＊作為理由，兵分三路攻打宋國。金國軍隊勢如破竹，宋國除了宗澤

死守汴京之外，黃河以北其他地方，全都被金國拿下。形勢危急，韓世忠保護皇帝來到揚州。

韓世忠來到揚州，還未建立戰功，就先用智慧化解了兩場可能發生的危機。原來，有個叫做張遇的人，帶兵從金山來投降，到了揚州城下，他們卻不放下武器，城裡的人都覺得很害怕。韓世忠倒是非常鎮定，他一個人來到了張遇紮營的地方，對他們講一些臣子效忠皇帝的道理，分析投降和叛變的後果。他們聽了韓世忠的話，覺得很有道理，全部都繳械投降了。

另外，還有一個叫李民的人，也帶了十萬士兵來，只是一

放大鏡

*勤王　皇帝有難，將領們引兵救援，平定亂事。
*高宗即位後，李綱以張邦昌建立楚國為罪名，把他貶到潭州。沒多久，皇帝就下令賜死張邦昌。賜死的意思是皇帝賜給臣子死刑，通常由被賜死的臣子自行了斷。

會兒要投降，一會兒又不肯，一直拿不定主意。韓世忠奉命去打探到底是怎麼一回事。後來韓世忠知道是李民的同黨劉彥不肯投降，就悄悄潛入李民的軍營，出其不意的把劉彥殺了，再把李民趕出去。韓世忠真是屬害！他知道什麼時候可以用道理來說服對方，什麼時候要靠武力來解決敵人。

建炎二年四月，金國軍隊已經攻到了河南，韓世忠奉命夜襲金軍沒有成功，反而被金兵打敗。而另一路宋軍沒有依照約定的時間前來會師，韓世忠孤掌難鳴，不但吃了敗仗，還被箭射中，拼命奮戰，才逃過一死，退回汴京。

過沒多久，韓世忠被召回鎮守淮陽。金國大將聽說韓世忠在淮陽，特別調集萬名大軍與韓世忠對抗。韓世忠雖然會集山東兵

力，仍不敵金國勢力，連夜退
兵，金兵趁勢緊追在後，兩軍最
後決戰沭陽，韓世忠兵敗，退守
揚州。而各地也紛紛傳來失守的
消息，金國軍隊進逼揚州，宋國
情勢危急。

高宗緊急召集將領們討論，
金人已來到城下，皇帝走避到哪
裡去比較恰當。有官員建議高宗
前往湖南，韓世忠覺得不好。他
說：「淮水江浙這一帶非常富庶，
正是作為反攻根據地的好地方，
怎麼可以放棄這裡到別的地方去
呢？而且現在人心動盪不安，皇
上一走，那些不安分的人就會起
來叛變；加上湖南路途遙遠，難
保路上沒有意外變故。皇上請三
思啊！」

韓世忠極力主張不能放棄
江、淮一帶，請求皇帝留一部分
士兵防守。韓世忠哪裡知道高宗
心中有個「不能說的祕密」，最

後，高宗皇帝決定，先往南退到
杭州再說。

7

苗劉之變

　　建炎三年二月些，高宗一聽到金兵來了，根本是一路從揚州「逃」到杭州。自高宗即位以來，一直被北方金國軍隊追著向南跑，追究原因，除了怯懦的性格外，他識人不清，老是用錯人，也是重要的因素之一。

　　最初，高宗用忠心不二的李綱當宰相，北方汴京又有宗澤固守，名將來奔，各地義軍附和，當時的宋國大有可為。只是，看穿高宗心中祕密的黃潛善和汪伯彥，極力主張跟金國和談，勸服高宗罷免李綱，更一再阻止宗澤的大軍向北進攻，氣死宗澤，引起群情譁然，駐守各地的將領以及朝內官員紛紛上書，要求高宗免除黃潛善和汪伯彥的職務。高宗為平眾怨，不得不聽從臣子們

的意見，他甚至下詔假意責怪自己識人不明，表示以後一定會洗心革面，痛改前非，希望得到人民的諒解。

後來，他開始重用王淵。可是這王淵也不是什麼忠心的臣子，他在乎的不是國家大事，而是怎樣增加自家的財產。當王淵從揚州到達杭州的時候，竟然有十艘大船上面載的全是王淵的家產，這些金銀珠寶都是他四處搶奪而來的不義之財。更過分的是，他用船載了自家的金銀珠寶，卻把一些擔驚受怕的老百姓留在揚州，任由金國軍隊欺負，還逼得那些沒船可坐，無法渡江的士兵，留在北方成為打家劫舍的搶匪。

除了王淵之外，高宗還寵信宦官康履。康履在高宗還是康王的時候，就服侍康王，深得康王的信任。等康王成了皇帝，康履

也跟著飛上枝頭變鳳凰，朝廷裡的大官們都得看他的臉色行事。

康履恃寵而驕，在國家危難的時刻，他還和他的黨羽以射鴨為樂。現在到了杭州，他又多了一個嗜好，就是去看錢塘潮。錢塘江的入海口，在海水漲潮的時候，高漲的海水和洶湧的河水互相沖擊，激起的浪花有如萬馬奔騰，氣勢磅礴！錢塘江口在杭州附近，康履愛看天下奇觀的錢塘潮也沒什麼不對，麻煩的是他總是慫恿高宗一起去觀潮。

皇帝出門，非同小可。沿途的準備工作和安全措施可不能少，總是勞師動眾，非常麻煩。偶爾一次也就算了，常常這樣，難免引起人民的抱怨。更可恨的是，康履為了自己的舒服，還封住道路搭建宦官專用的觀景臺，更是弄得天怒人怨，無法平息。

當時扈從統制苗傅和威州刺

史劉正彥，再也受不了王淵和康履的作威作福，於是合作組成「赤心軍」，展開武裝叛變行動。他們先派人守在杭州城北橋下，等王淵退朝回家，把他逮個正著。劉正彥當眾宣布王淵的罪狀之後，立刻砍了他的腦袋。緊接著苗傅和劉正彥兩人帶著士兵趕到康履的家裡，也想把康履抓起來。只是康履早一步開溜，跑到高宗皇帝身邊躲起來了。高宗聽到叛變的消息，帶著宰相朱勝非和康履等一些官員躲上御樓，收起樓梯，防止叛軍登樓。

叛軍趕到，包圍御樓。高宗在高高的御樓上，聲色俱厲的責問叛軍：「你們為什麼造反呢？」

苗傅義正辭嚴的回答：「陛下信任宦官小人，賞罰不公平。黃潛善和汪伯彥耽誤國事，只是免職沒有重罰。王淵不去打仗，只想累積自己財產。渡江到杭州來

的時候，只管派船載運家產，完全不管軍民死活，這種人現在還是當朝大官。還有康履作威作福，欺壓百姓，卻深得陛下寵信。我們已經為陛下除去王淵，聽說康履現在躲在御樓上面，請陛下把他交給我們處置。」

高宗聽了很不高興，他說：「康履做錯事，把他流放到海島去就好了。這事我自會處理，你們回去吧！」

苗傅和劉正彥領著軍隊繼續留在御樓下鼓譟，不肯退去。高宗沒有辦法，回過頭去問他的官員說：「你們有什麼好計策嗎？」

有人說現在這個情況，除了犧牲康履之外，沒有其他的辦法了。高宗自己也想不出解決的辦法，只好忍痛叫康履下樓去了。康履一到樓下，馬上就被攔腰砍死。

原本以為叛軍目的達成，他

們應該退兵了。沒想到苗傅又說：「陛下不應該登上皇位。為了天下蒼生著想，請陛下傳位給三歲的太子，再請隆祐太后＊垂簾聽政。」

高宗皇帝聽了倒沒有生氣，他說：「我是應該退了，只是這件事要告訴隆祐太后才行。」

只不過，這時候太后年歲已大，而太子才三歲。很明顯的，苗傅根本是居心不良，想「挾天子以令諸侯」，所以宰相朱勝非大聲的反對說：「不行！沒有這個道理的。」

不過，高宗還是派人去請太后來了。

苗、劉兩人一見到太后立刻

放大鏡

＊**隆祐太后** 就是元祐太后。元祐太后曾於張邦昌退位後，一度垂簾聽政。後來高宗皇帝即位，她才結束第一次的垂簾聽政。此時因諱名的關係，已改稱「隆祐」太后，因此史書也都稱她為「隆祐太后」。

跪下，請她為天下百姓做主。太后責備兩人不該叛變，還說高宗只是一時被黃潛善等人矇蔽，而自己年紀大了，太子又還小，如何號令天下？

苗、劉兩人堅持高宗退位，太后堅持不可。苗傅看太后軟的不吃，只好來硬的：「太后，士兵們從早上等到現在，什麼都沒吃，再繼續等下去，我怕會有不幸的事故發生。」

最後高宗決定退位，他要朱勝非告訴叛軍，要他退位可以，條件是叛軍們要放下武器回到軍營，一切聽太后的命令；不可以搶老百姓的東西，更不可以殺人放火。朱勝非堅持高宗不可以退位，不願意傳達這個命令。高宗告訴朱勝非這只是緩兵之計，他知道杭州城外的將軍們一定會前來解危的。

當天晚上，高宗搬出行宮表

示退位，由太子繼位，隆祐太后垂簾聽政，以「明受」紀年。

8 安國夫人

　　苗傅和劉正彥叛變，表面上
看似為天下百姓著想，成立了一
個「明受」政權，由隆祐太后主
持朝政，但是，實際的權力卻掌
握在苗、劉的手裡。

　　苗傅和劉正彥叛變的消息，
傳到了駐守在外的韓世忠耳裡，
讓他非常生氣，他舉起酒杯祭
神，大聲的說：「我發誓跟這兩個
賊人有不共戴天之仇！」士兵聽到
了精神無不為之一振，氣勢高
昂。韓世忠馬上帶兵向杭州城前
進。

　　聚集在杭州附近討論如何平
息這場政變的將領，得知韓世忠
前來，都非常高興。韓世忠本來
打算馬上出兵，但是有人勸阻他
說：「陛下、太后、太子都還在叛
軍的手中，如果操之過急的話，

恐怕會有意外發生。這件事得從長計議。」

建炎三年三月，韓世忠準備進攻杭州。大軍乘船出發，一艘軍艦接著一艘軍艦，綿延三十里長，聲勢非常浩大。

杭州城內的苗、劉二人聽說韓世忠來了，心裡感到害怕，便假借皇帝的意思發布命令，要韓世忠帶兵駐紮江陰。韓世忠知道這是苗、劉二人的詭計，便客客氣氣的回報，說自己的軍隊打仗打得兵疲馬憊，希望能先到皇帝那裡整備兵馬。苗傳他們看韓世忠這麼客氣，又以為韓世忠手上兵馬不多又疲憊，所以答應讓韓世忠到杭州來。韓世忠領軍到了秀州，藉故說他生病不能繼續前進，暗地裡卻偷偷的製造攻城的雲梯，和打仗的兵器。苗、劉二人看韓世忠停在秀州，不肯前進，開始覺得事情不對勁，可是

卻不知道怎麼辦才好。

　　杭州城裡的宰相朱勝非，表面上擔任新政府的官員，骨子裡卻跟太后和高宗一樣，希望韓世忠可以來解救他們。朱勝非知道韓世忠的妻子梁紅玉和兒子韓亮，被軟禁在杭州城裡當人質，應是韓世忠停在秀州按兵不動的原因之一。於是，他想了一個計策。

　　朱勝非跟苗傅說：「現在我們應該去跟太后說，派遣梁紅玉和韓亮出城去安撫韓世忠。只要韓世忠不跟我們作對，其他那些大將就不用擔心了。」

　　說起來苗傅還真是個只靠武力，不會動腦筋的老粗。聽了朱勝非的話，苗傅沒有多想，就派人去請梁紅玉來。

　　梁紅玉一聽苗傅有請，心裡忐忑不安起來。她本來是武將世家出身，學了一身的功夫。和韓

世忠結婚後，跟著他四處征戰。後來因為懷孕生子，就留在杭州照顧孩子。沒想到遇上了苗、劉叛變，她和兒子都被軟禁起來，由士兵嚴密監視，讓他們一點逃出去的機會都沒有。現在苗傅派人來叫她，不知道是什麼原因。

梁紅玉來到苗傅面前，深怕韓世忠率領大軍攻城的苗傅「咚」的一聲跪在梁紅玉的腳跟前，嘴裡還不停的說著：「大嫂，救我！」

梁紅玉不知道怎麼一回事，急忙把苗傅扶起來，要他把事情說清楚。苗傅假裝滿腹委屈的說自己叛變是逼不得已，希望梁紅玉能出城勸說韓世忠前來勤王，效忠明受朝廷。梁紅玉這時才曉得韓世忠帶兵來到秀州了。聰明的她立刻意會到這應該是朱勝非的計謀，馬上答應苗傅。於是苗傅安排梁紅玉晉見太后，請太后

封她為「安國夫人」。

　　隆祐太后早就知道朱勝非的計策了，他是要把韓世忠的妻兒送回韓世忠身邊，好讓韓世忠沒有顧慮的打這一場仗。太后眼眶泛紅，雙手微微發抖的握著梁紅玉的手，語重心長的說：「一切都要靠妳了！」

　　「太后放心！我會圓滿達成任務的。」

　　第二天一早，梁紅玉以安國夫人的身分，帶著兒子，騎馬出城慰勞韓世忠的軍隊，轉達新政府的誠意。

　　一出城門，離開了眾人的視線，梁紅玉母子立刻策馬狂奔。他們一刻都不敢停下來休息，連騎一日一夜，終於到了秀州。韓世忠、梁紅玉夫妻相見恍如隔世，心中感慨萬千。

　　妻兒回到身邊，韓世忠心裡再也沒有顧忌，他決定馬上出兵

65

了。剛好這時候苗、劉派來宣示友好的使者到達，正要宣讀詔書*，韓世忠卻大聲的說：「我只知道有建炎，不知道有明受。」

　　意思是說他只承認高宗是皇帝，不接受新的政府。然後他把使者斬首，還燒了詔書。接著，一場平定叛賊的大戰就開始了。

放大鏡
*皇帝頒給臣子的命令，稱為詔書。

韓世忠救皇帝

　　韓世忠燒了詔書，開始向杭州的叛軍進攻。大軍來到臨平，遇上了賊兵將領苗翊和馬柔吉的軍隊。賊將在河中放置鹿角，讓軍艦無法在河裡航行。

　　韓世忠帶兵下船，騎在馬上奮力作戰。只是道路泥濘不堪，騎馬反而行動不便，韓世忠乾脆命令士兵下馬，操戈＊向前。韓世忠跟士兵們說:「我們今天要以死來報效國家，哪一個人不被射中幾箭的，表示未盡全力進攻，我就把他斬首示眾。」韓世忠向來說到做到，軍令如山，於是將士用命，奮勇殺敵。

　　另一方面，苗翊安排了一批神射手，排開陣勢，拉弓等待韓

＊戈　古時候作戰用的一種武器。

世忠。沒想到韓世忠一到，張大他的銅鈴眼，大吼一聲，拿著大刀衝到前面來。那些射手嚇得連箭都沒射，轉身就逃。賊兵根本就擋不住韓世忠的攻勢，紛亂散逃。苗傅和劉正彥一眼看韓世忠的大軍就要攻進來了，帶著兩千士兵倉皇而逃。

韓世忠領著大軍進入杭州城。他騎著馬，威風凜凜的走在前面，遠遠的看到有人站在那兒，原來是高宗皇帝在那裡等他呢！

「哎呀！你終於來了。」

韓世忠下馬來，看見高宗，正要跪下，沒想到高宗握住他的手，高興得哭出來了。

「陛下真是委屈了！」

一聽到韓世忠這麼說，高宗哭得更傷心了。

苗、劉強行建立的新政府至此瓦解，太后還政，高宗復位。

　　不過，韓世忠還是記掛著苗傅和劉正彥的叛軍勢力尚未消滅，於是請求再度出兵：「苗、劉兩叛賊擁有精銳部隊，距離甌、閩兩個地方很近，如果他們占據那裡建立巢穴，又有時間招兵買馬，整頓軍隊，趁勢坐大，將來恐怕無法消滅他們。我想趁現在繼續追擊他們，請陛下答應臣的請求。」

　　皇帝當然樂得答應他的請求，於是，韓世忠帶著兵馬，沿著苗、劉逃跑的路線追去，追到了福建蒲城縣的漁梁驛，終於追上了叛賊。韓世忠拿著武器站在最前面，叛賊的哨兵看到他，嚇得大聲呼喊：「天啊！韓將軍追到這裡來了。」

　　賊兵一聽到韓將軍來了，全都潰散逃跑，沒有人敢跟他正面對抗。韓世忠輕易的就抓到了劉正彥和苗翊，但卻讓苗傅逃掉

了。韓世忠繼續追捕苗傅，追到建陽，終於把他也抓起來了。

韓世忠上奏皇帝說：「臣發誓要活捉這兩個叛賊，為社稷雪恥。現在賊人都抓到了，希望皇上派殿前勇士來押送俘虜回京，獻給皇上。」

興高采烈的高宗當然完全依照韓世忠的請求辦理。其實殿前勇士也只是做做樣子，只要韓世忠在，那幾個俘虜想逃也逃不掉啊！苗劉之變的主角，就這樣被五花大綁的押解到了杭州，最後全被斬首了。

平定苗劉之變的大功臣，第一個當然就是韓世忠。高宗皇帝不僅讓他升官，還特別親筆寫了「忠勇」兩個字賜給韓世忠作為旗幟。

論功行賞，韓世忠的妻子梁紅玉應該也是功臣一個。她雖然曾被封為安國夫人，但那畢竟是

不被承認的朝廷所封的，所以這回高宗封她為「護國夫人」，還特別給她俸祿。對梁紅玉來說，這可是莫大的光榮，因為功臣的妻子獲頒俸祿的，她是第一個人呢！

　　苗劉之變終於平定了，看起來皇帝非常感謝韓世忠救駕有功，但是高宗心裡多多少少有個不大不小的疙瘩。從這個事件看起來，皇帝的性命好像是掌握在握有兵權的將軍手裡。如果將軍像韓世忠一樣忠心，皇帝自然是高枕無憂，不必擔心。如果將軍起了貳心，那後果就不堪設想了。只是高宗想會不會有一天也要防範韓世忠呢？

10 高宗皇帝 向南跑

好不容易平定了苗傅和劉正彥的叛變，以為總算可以喘一口氣了，金國的大軍卻又打來了。

金國人怎麼這麼厲害呢？這就要從兩方面來說了。首先是女真族人生活在東北長白山和混同江之間，那裡不像南邊這麼溫暖富庶，所以他們很能吃苦耐勞，適應困難的環境，而這種能力在戰場上是非常重要的。不只這樣，他們還很會騎馬，甚至可以騎馬涉水過河，不用坐船。另一方面，金國大將驍勇善戰，總是親自到戰場上指揮軍隊，鼓舞士氣，更身先士卒，衝鋒陷陣。其中金國的四王子兀朮，更是勇猛。

兀朮是金國國內的主戰派，在南邊的宋國皇帝正為苗、劉叛

變傷腦筋的時候，他早已兵分兩路攻打宋國各地，一路南下，現在就快兵臨城下了。

高宗聽到金兵要來了，指派韓世忠守在鎮江，自己卻向南跑了。

沒多久，兀朮的大軍兵分兩路，渡江而來。宋國守將幾乎沒有人擋得住金人的攻勢，一個一個都敗下陣來，還有許多守將棄城逃跑，甚至舉城投降。就連韓世忠也擋不住金人，從鎮江退到了江陰。

但是，由岳飛率領的「岳家軍」卻時不時的給金兵來個迎頭痛擊。雖然，岳家軍屢戰屢勝，但是和兀朮的十萬大軍比起來，宋軍的兵力還是太弱了，所以岳飛僅能採取游擊戰術，阻撓金兵南下的速度，掩護高宗南退。

兀朮還是以絕對優勢的兵力，繞過岳家軍駐地，逼近了高

宗。

兀朮好像不把高宗逮到絕不罷休似的，在後面苦苦追趕，高宗只好繼續向南跑，從越州跑到了明州。後來從明州坐船逃到了長江口舟山群島的定海縣，再從定海縣回到浙江的昌國縣，再從昌國縣到溫州，又從溫州到了台州。

兀朮原以為可以輕輕鬆鬆掃平宋國，活捉那個怕死的高宗皇帝，沒想到宋國的領土實在太廣大了，好像怎麼追，那個逃命的皇帝總有地方躲；另一方面，沿途不時遭到岳飛的阻擾和偷襲，造成金兵不少的傷亡。他想：這樣深入宋國的領土，後方補給不易，士兵又因長期奔波征戰而疲憊不堪，不如先撤回北方，休養生息，整頓軍隊，再做打算。

退守江陰的韓世忠早就料到金人不會久留南方，必當北返，

因此打算在江上擺好陣勢，給金
兵迎頭痛擊。

11 紅玉擊鼓助陣

正值一年一度的元宵節，秀州城裡張燈結綵的舉行燈會。老百姓們成群結隊的出來欣賞花燈。偶爾有一兩個士兵，夾雜在人群之中，好像也是出來賞燈的樣子。

不過，這只是韓世忠安排的一場戲，一場演給金國軍隊看的戲。韓世忠的用意是要讓金人以為他的軍隊還在秀州過節，其實他早就已經讓大軍進駐鎮江，擺開陣勢，等候兀朮了。

韓世忠的計畫是在長江江水中心的焦山寺駐紮軍隊，然後在江面上布置一艘接一艘的大戰艦，形成一道防鎖線。兀朮的大軍想要北上，一定得先過他這一關才行。

不過在焦山寺旁邊，比較靠

近岸邊的地方，還有一座金山。韓世忠推斷兀朮的大軍來到這裡，看到江上的戰艦防鎖線，一定會轉向金山這邊來察看宋軍的備戰狀況。如果事先在這裡安排一些士兵埋伏，趁金國將領上金山的時候，把他們抓起來，那可就是先贏一半了。

於是韓世忠帶了兩百個士兵，先到金山山頂的龍王廟來。他將一半的人力安排在廟內，一半的人力藏在岸邊，吩咐士兵們以江中的鼓聲作為暗號，鼓聲一響，岸邊的士兵先往上包圍，廟裡的士兵再擋住來人去路，兩邊夾擊，一起拿下金國的首領大將。安排妥當，韓世忠回到焦山寺的防線，留下士兵們在金山守株待兔。

時間悄悄過去，廟裡的士兵等了又等，一直沒有聽到鼓聲，開始焦躁不安起來。

「剛才將軍是怎麼說的？」

「他說以鼓聲當信號，聽到鼓聲我們就出去抓人呀！」

「可是怎麼都沒聽見鼓聲呢？時間已經過去好久了。」

「是啊！我也覺得奇怪呢，我出去看看好了。」

說要出去看的人才走到門口，突然又退回來說：「快躲起來，有人來了。」

剛躲好，只見五個人騎馬朝廟門口而來，看他們的穿著打扮，應該就是金國的將領沒錯。

「哎呀！將軍真是料事如神，金國將領果然來了。我們把他們抓回去立大功吧！」

廟裡的士兵非常興奮，根本不管還沒聽到鼓聲，就一擁而上，衝向那五個金國的將領。那五個人大吃一驚，拉住坐騎，轉身就跑。士兵們把其中兩個人拉下馬來，可是另外三個卻被他們

逃掉了。

岸邊的士兵沒有聽到鼓聲，不知道廟裡的同伴已經展開行動，所以沒有跟他們配合。金國的那三個將領，就這樣溜了。後來才知道逃走那三個其中穿紅色戰袍的，就是金國四王子兀朮！

韓世忠得知痛失良機，覺得非常懊惱，一個人悶悶不樂的在軍營中喝酒消愁。梁紅玉看了，問他有什麼心事。

「煮熟的鴨子飛了，怎麼不令人懊惱？兀朮逃回金營一定氣憤難消，接著我們就要打一場硬仗了。問題是剛才讓兀朮逃走，現在我軍士氣低落，如何能打呢？」

梁紅玉想了想，提出了一個好意見：「將軍，如果你答應的話，我願意上戰場擊鼓，提振士氣。我們在軍營中央的大桅桿上，搭個小樓。我帶幾個士兵在

樓上觀察戰況，再用鼓聲和大旗傳達號令。江上士兵聽到鼓聲，就依照大旗揮舞的方向進攻；鼓聲要是停了，暫且按兵不動，等待下一波的攻擊命令。」

「這個辦法不錯！但是在高樓上目標明顯，十分危險，我看派個副將來擔任這個工作好了。」

「不好，這個工作非我不可！將軍不是說，此時士兵們因為沒有抓到兀朮，心情十分沮喪嗎？要是派其他副將上戰場，就跟平時一樣，沒有特別的效果。若是我和將軍並肩上戰場，士兵們就可以感受到將軍必勝的決心！」

梁紅玉說的有道理，韓世忠雖然不是很放心，還是照著夫人的話去做，派兵搭小樓去了。

不久，士兵來報，說是兀朮派使者來要見將軍。韓世忠當然知道使者的來意，他直接了當的

對金國使者說：「我不可能要戰艦離開，讓路給你們渡江的。快點回去，不要在這裡白費口舌了。」

「既然這樣，我們將軍說，那只有在戰場上相見了。」

「一言為定！難道我們還怕你們不成？」

於是，兩軍在江上交戰。兀朮想在宋國戰艦防鎖線上，打出一個缺口，好渡江北上。宋國士兵則死命防守，不讓他們越雷池一步，再加上軍營大桅小樓上的大旗，清楚的指示金人的動向，更讓宋軍防守得滴水不漏。更重要的是，宋國士兵們看到在小樓上打鼓的，竟然是將軍夫人梁紅玉！大家被韓世忠夫妻與大軍一起並肩作戰，同生共死的精神所感動，個個士氣大振，勇猛無比。

金國人比較吃虧的是，他們很會騎馬打仗，但是卻害怕坐

船。在陸地上行動敏捷，好像猛虎出柙，到了水上，暈船都來不及了，哪還顧得了打仗？

兀朮的大軍，被韓世忠的士兵打得落花流水，倉皇而逃。這金國大將確實是離家太遠，不清楚焦山寺一帶的地理形勢，他哪裡不好逃，偏偏往黃天蕩逃去了。韓世忠看他們逃向黃天蕩，喜形於色，也不追趕，就宣布收兵休息了。

原來這黃天蕩是條沒有出口的水道，兀朮進去容易出來難，韓世忠只要守住黃天蕩入口，就等於是把兀朮困在裡面了。

兀朮進了黃天蕩，才曉得大事不妙。他想：來硬的不行，只好來軟的了。兀朮派使者告訴韓世忠，如果讓他渡江，就把這次南下得到的金銀財寶、稀世珍品全部送給韓世忠。韓世忠當然不可能答應。兀朮又想：韓世忠不

愛珠寶，像他這種名將，應會愛名馬吧？兀朮再派使者贈送名馬，還是被韓世忠拒絕了。

遇到軟硬不吃的韓世忠，兀朮也沒轍了。金國大軍就這樣被韓世忠困在黃天蕩動彈不得。

12 兀朮逃出
黃天蕩

　　兀朮數萬軍隊被韓世忠困在黃天蕩裡，無路可走；韓世忠的八千士兵守在黃天蕩口，也沒有多餘的兵力，進逼蕩裡抓人。兩軍在江面上僵持不下，各有各的打算。

　　韓世忠知道，金兵一定會想辦法突圍。他命令士兵，打造一些粗鐵鍊，在鐵鍊一端加上長勾。然後把這個獨門武器交給身強體壯，力氣特別大的壯丁，練習甩鍊勾船。第二天一早，金國的船隻來艦隊前面挑釁。韓世忠將艦隊分列兩邊，兩邊艦上都站著幾個手拿鐵鍊長勾的大力士，只要金國船隻靠近，他們就甩鍊勾船，然後大家合力把勾住的船隻扯翻。

　　金國船隻翻覆，慢慢沉到江

水裡面去，船上的金兵全都掉進水裡。大部分的金兵不會游泳，在水裡掙扎呼救。其他船隻趕來救援，又被宋軍的鐵鍊長勾給勾住扯翻。就這樣，宋軍一甩鍊子就拉翻一艘金國船。眼看一艘一艘的金國船隻都要被拉翻了，兀朮只好下令退兵。

兀朮想：這樣下去不是辦法，於是親自找韓世忠談判。兩個大將隔著江面互相喊話。這時候的兀朮，已經沒有逼人的囂張氣焰；韓世忠則是氣定神閒的邊喝酒邊聽他說。兀朮首先苦苦哀求：「韓將軍你就開個小路，讓我們回到北方去。這次回去以後，我保證一定不會再南下騷擾你們了。我們兩國從此以後和平相處，互不侵犯。」

韓世忠聽了，馬上回答：「要我讓路給你們過可以，只要你把我們的兩個皇帝放回來，把占領

我們的領土還給我國，我就讓路給你們北上回國。」

兀朮終於知道，韓世忠要的是什麼了。原來韓世忠是個忠心耿耿的臣子，一心一意想要救回他們的皇帝，收復他們的領土。難怪金銀珠寶和名馬都無法打動他的心。

不過韓世忠開出的這些條件，對金國來說是大事，不是兀朮一個人就可以作主的，他只好無精打采的回到營中，去想其他的辦法。

過幾天，兀朮又約韓世忠見面。韓世忠想：聽聽他說些什麼，也沒有損失，於是兩人又隔著江面喊話了。兀朮說:「我知道你是個忠心的臣子，可是你也該看看你們那幾個皇帝是什麼樣子。兩個被我國抓到北方去關，一個被我追著到處跑，他們哪值得你這麼忠心的對待呢？我看你

還是讓路給我，投降我國，我保證你……」

兀朮越說越不像話，韓世忠氣得拿起弓箭就向他射去。兀朮趕緊躲開，這次談判又是不歡而散了。

兀朮回到軍營，跟他的將領們說：「南邊人開船就像我們騎馬一樣屬害，我們在船上根本就打不過他們。你們有什麼辦法嗎？」

諸將跟兀朮一樣，都是在北方騎馬長大的金國人，誰也不知道要怎樣應付韓世忠的大軍艦。不過他們倒是想到了一個好辦法：「我們可以用南邊人來治南邊人呀！只要我們發出高額賞金，徵求對付韓世忠大軍艦的辦法，一定有人看在賞金的分上，想出辦法對付韓世忠的。」

重賞之下，必有勇夫。重賞之下，也有賣國求榮的叛徒。果然有個姓王的福建人來了，他跟

兀朮說:「你們北方人怕暈船，只要在船板上鋪泥土，在側面挖洞放船槳，有風的時候船不要動，沒風的時候再划行，這樣士兵們就不容易暈船了。」

另外有人跟金國軍隊指點一條出路，說是黃天蕩其實並不是真的沒有出口，它有一條支流叫做老鸛河。這條支流可以直通建康的秦淮河，這樣就可以不用經過韓世忠的防線，順利北返了。不過，這老鸛河已經淤塞很久，不能行船了。

兀朮一聽到還有這條老鸛河非常高興，馬上就召集士兵動手疏通，經過一天一夜就把老鸛河給挖通了。

只是在這老鸛河上還是得行船呀。金國軍士怕暈船就得等無風的時候才能行動，但韓世忠難道不會追來嗎？還是必須想出一個萬全之策才能行動啊！兀朮知

道這是逃出黃天蕩唯一的機會了，所以非常謹慎。

不久又有人為了賞金前來貢獻計策，他告訴兀朮說：「將軍要阻斷宋國的追兵，還是要給宋軍重重一擊才行。韓世忠的兵船都是大型的軍艦，行動比較不方便，如果沒風的話，連動都不能動。而且軍艦上的大帆，最怕的就是火攻。所以將軍你現在要造一些小船，等無風的時候，火攻宋國的大軍艦。這樣一來，宋國軍艦著火了，一定手忙腳亂的救火，你們就可以趁這個機會，從老鸛河直上秦淮河了！」

這確實是好辦法，只是要等到什麼時候才沒有風呢？老天爺又不聽金國大將的命令，這有風沒風怎能控制啊？

這時，又有個江湖術士來了。他告訴兀朮一個祭拜老天爺的方法，祭拜之後老天爺就會按

照他的希望，給他一個無風的天氣。

兀朮照著江湖術士的方法做了，不知道是巧合，還是老天爺同情金國人，第二天真的一點風都沒有！於是，兀朮的大軍開始行動了。

韓世忠覺得奇怪，這金國人怎麼好一陣子都沒動靜了？沒想到這個無風的早晨，突然竄出成群的小船，對著大軍艦猛射火球。軍艦上的帆布燃起熊熊烈火，宋軍忙著搶救火勢，沒時間管金國軍隊的行動。兀朮的大軍趁著混亂的時機，就從老鸛河溜走了。

黃天蕩之役最可惜的就是沒有抓到兀朮，不過韓世忠以八千兵力阻擋金國的數萬大軍，足足四十八天，確實也給看不起宋國的兀朮，一個狠狠的教訓。從此以後，金國人再也不敢隨便越過

長江攻打宋國，高宗皇帝終於可
以暫時安定下來了。

13

平定賊寇

　　韓世忠在黃天蕩一戰成名，他的夫人梁紅玉擊鼓助陣，更是傳為美談。雖然金國人因此不再隨便南下，宋國境內叛變的賊寇，卻一再出現。

　　建安的范汝為叛變，朝廷派大軍前去討伐不成，這讓叛賊氣焰更是囂張，越來越不把官兵放在眼裡。韓世忠看到這樣的情勢，非常擔心。他向皇帝請命：「建安位在福建上游，如果叛賊沿河打下來，那下游七個郡將會生靈塗炭，臣建請再派兵討伐。」

　　朝廷特命韓世忠擔任福建、江西、荊湖宣撫副使，負責剿除范汝為。韓世忠帶領三萬名士兵，分水、陸二路前去討伐范汝為。大軍駐紮在劍潭這個地方，前面的士兵發現，叛賊把橋燒毀

了，大軍無法通過。

　韓世忠親自騎馬到河邊視察，想看看有沒有其他過河的方法。他來來回回的走了好幾趟，發現河水雖然湍急，但還是有一兩個地方比較平緩一點。於是他小心控制韁繩，要馬兒試著往水裡走。

　「將軍，危險哪！」

　後面的士兵緊張的想阻止韓世忠，韓世忠調馬回頭說：「我們一定得趕快過河才行。如果不阻止這些叛變的賊兵，不知道有多少百姓要遭殃。你們現在安靜不要出聲音，免得驚嚇到我的坐騎，我要試試看能不能騎馬涉水過河。」

　士兵們勸阻不了韓世忠，只有屏住氣息安靜的看著。韓世忠的馬兒倒也爭氣，在韓世忠小心翼翼的帶領下，安全的過河到對岸去了。在韓世忠的帶領指導

下，大軍終於全都安全的過河了。

過了河，新的問題又來了。叛賊在各個主要道路上，設置障礙，阻擋官兵前進。韓世忠命令大家收起大旗，不要打鼓，不要讓敵人知道官兵的行蹤，然後除去路障，一路爬上鳳凰山。韓世忠在山上俯瞰建安城的設備，擬定攻城的計畫。他要士兵們備好攻城的雲梯，然後連日連夜的猛攻，一刻都不休息。叛賊被突如其來的官兵嚇一大跳，他們沒想到韓世忠這麼快就攻到這裡來了。五天之後，城被攻破，范汝為自焚而死，韓世忠將他的兩個弟弟處斬，還抓到了主謀和副將五百多人。

皇帝聽到這個消息，高興的說：「就算是古時候最出名的將領，也比不上韓世忠啊！」

福建一帶的賊寇既然已經平

定了，韓世忠聽說江西、湖南也
有人起兵造反，就請皇帝派他去
平亂。當他的大軍路過廣西時，
叛軍頭頭聽說韓世忠來了，大驚
失色，不敢跟他對抗。韓世忠派
人招降他，他果然帶著八萬軍
兵，不戰而降了。韓世忠把這八
萬人派遣到皇帝的所在地，保護
皇帝的安全，自己又帶兵前往湖
南長沙，因為那裡有個叫劉忠的
人，在白面山占地為王，率領了
幾萬人，建造軍營欄柵，專門和
官兵作對。

　　韓世忠一到白面山，就急著
想攻打劉忠，幕僚勸他不要這麼
急，讓士兵養精蓄銳，再做打
算。韓世忠跟他說：「帶兵作戰，
最重要的是計策的運用，參政你
不了解這些事情沒有關係，只要
給我半個月的時間，我就可以剷
平劉忠這群叛賊。」

　　可是接連幾天，韓世忠卻是

喝酒下棋，根本沒有要行動的意思。大家都不知道他到底有什麼計劃。原來韓世忠早就派人潛入敵營，打探消息了。

幾天後，韓世忠和部屬兩個人不帶一兵一卒，騎馬來到叛賊的軍營。

門口的衛兵大聲問：「是誰？有沒有軍號口令？」

韓世忠早就派人探聽出對方今晚的軍號，才敢明目張膽的闖過來。他也中氣十足的把軍號念給衛兵聽。衛兵想都沒想過眼前這個人會是名震天下的韓世忠，既然軍號口令沒有錯，就不疑有他的讓他們進營去了。

什麼地方有什麼設備，什麼地方安排了幾個人，韓世忠都摸得清清楚楚之後才離開。他非常高興的跟屬下說：「這真是老天爺賜給我們的大好機會呀！」

當天晚上，韓世忠安排了兩

千名精銳部隊埋伏在劉忠軍營的後方，他自己則跟其他將領一起拔營，準備正面進攻。劉忠那些賊兵看到韓世忠大軍來到，正準備迎戰的時候，背後卻又衝出了一隊官兵，個個驍勇善戰，無人能擋。兩面夾攻之下，賊兵大敗，劉忠當場被殺，湖南的叛變也就平定了。

　　韓世忠回到建康之後，又設置了一支背嵬軍＊，個個勇猛慓悍，無人能比。名將配勇士，韓世忠如虎添翼，更要有一番作為了。

放大鏡

＊**背嵬軍** 當時精銳部隊的稱呼。韓世忠的這隻背嵬軍訓練時，要騎馬跳澗，還要射箭穿過小洞，非常嚴格。作戰時，手拿長斧，上劈敵人胸膛，下砍敵人馬腿，戰鬥力十足。

14 中興第一功

在黃天蕩一役失利的兀朮北返後，金國不甘心受挫，不久又策劃了侵宋的陰謀。建炎四年，金國人在北方又建立了一個漢人的國家，稱為齊國。他們的目的跟當年一樣——扶植一個傀儡皇帝，來跟南邊的宋國對抗。當年金國人把徽宗和欽宗擄走，建立楚國，強迫張邦昌當皇帝。張邦昌在金國人走了以後自動退位，楚國只有三天的壽命。

這回的齊國不一樣了，有好些個降金的宋國大將都希望被選上當齊國的皇帝。他們明明知道，這個皇帝什麼事都得聽金國人的，但還是躍躍欲試。

其中有一個叫劉豫的，是宋國派去和守將關勝一起防守濟南的官員。劉豫和關勝不合，每次

關勝戰贏金國軍隊，劉豫心裡就很不痛快，深怕功勞都被關勝搶走了。後來，他派自己的兒子帶兵出戰，卻被金兵打得落荒而逃。劉豫一不做二不休，竟然殺了打勝仗的關勝，向金國人投降了。

對金國人來說，劉豫可是立了大功，加上他的交際手腕一流，常常送一些金銀財寶討好金國大將，得了好處的金國大將們當然在金國皇帝面前替劉豫說話啦，所以劉豫就當上齊國的傀儡皇帝了。

到了高宗紹興四年（1134年），金國和齊國聯合起兵攻打宋國。這時韓世忠在鎮江收到高宗皇帝親筆寫的手札，要他整頓守備，爭取成功。韓世忠深受感動，他說：「讓皇上擔心到這種地步，當臣子的活著還有什麼意思呢？我一定誓死報效國家。」

　　韓世忠馬上派部將帶兵駐守在高郵這個地方，抵擋金國軍隊，自己則率領軍隊來到大儀這裡駐守，還命令士兵砍木頭建柵欄，把回頭路阻擋起來，表示絕不後退的決心。

　　沒想到，朝廷內部主和派的聲音又說動了高宗，派遣魏良臣暗中前往金國議和。韓世忠得到消息，決定利用魏良臣誤導金國。

　　魏良臣經過韓世忠駐紮的營地時，前去拜訪韓世忠，聽到韓世忠正在吩咐士兵：「傳令下去，今天晚上早早進餐，太陽下山以前，要把煮飯的器具全都收拾好，明天一早大軍開拔。」

　　魏良臣覺得奇怪，韓世忠的大軍不是剛剛才來的嗎？怎麼明天又要開拔了？他問：「將軍為什麼急著離開呢？」

　　「還不是皇上的命令，要我

向南移防長江。明天一早就要動身，今晚還有很多事情要辦，我就不陪你了。」

第二天一早，魏良臣發現所有烹煮食物的器具果然全都收起來了，看到大隊人馬也準備出發離開。他自以為摸清了韓世忠大軍移動的方向，便急忙騎馬直奔金營。

韓世忠算算時間，等魏良臣確實進入金國後，立即跳上馬背，發出真正的指令：「看我的鞭子指向哪裡，大軍就向哪裡移動！」

韓世忠的鞭子指向哪裡？他的鞭子指向大儀！從昨天晚上開始，韓世忠根本就是在演戲，演一場給魏良臣看的戲！

大軍回到大儀，韓世忠開始調兵遣將，設計埋伏，就等著金國軍隊來自投羅網。

魏良臣來到金國，金人問他

宋國軍隊那邊的情形。魏良臣把他看到的情形，一五一十的告訴金人。金國大將聽說韓世忠的大軍往南退了，非常高興，就領軍駐紮在離大儀只有五里遠的江口。金國另一路騎兵也前來助陣。韓世忠見時機成熟，以打鼓作為信號，等候多時的伏兵一擁而出，金國軍隊大亂。韓世忠帶領的背嵬軍，手裡拿著長柄的大斧頭，向上砍敵人胸膛，向下砍騎兵馬腳，打得金國軍隊四處竄逃。韓世忠本人更是騎著駿馬，如入無人之境，把金兵打得落花流水。

韓世忠在大儀打了一場大勝仗，他派出去的副將們也有好成績。消息傳到高宗那裡，高宗高興得直說：「韓世忠忠心又勇敢，我早就知道他一定會成功的！」於是又是一番論功行賞。朝廷內外都認為大儀這一仗，是自建炎以

來，宋國抵抗金人，復興國土，最成功的一仗！

韓世忠的軍隊為什麼這麼驍勇善戰呢？除了因為韓世忠領軍有方之外，他願意和部下同甘共苦的精神，更令士兵們大為感動，誓死效忠。

韓世忠帶兵不僅軟硬兼施，偶爾還會用激將法。有一次，他設宴會跟弟兄們喝酒同樂，喝著喝著，竟然要夫人拿出一些首飾來給他。梁紅玉覺得奇怪，就問他：「將軍要首飾做什麼用？」

韓世忠用手點著幾個士兵，說要把首飾送給他們，還要梁紅玉的侍女把這些人化妝成女人。大家以為韓世忠喝醉了，沒想到他很清醒的說：「這幾個弟兄在戰場上的表現，就跟女人一樣啊！」

原來，他是在嘲笑這些膽小的士兵呢！現在大家知道，自己在戰場上的表現將軍完全看在眼

裡，而且太過膽小會被大家取笑，於是作戰的時候，大家都奮勇爭先，不讓自己表現出膽怯的樣子。部下表現勇敢，韓世忠自己更是不遑多讓。

紹興六年，齊國皇帝劉豫調大軍到淮陽，韓世忠奉命圍淮陽城。圍城圍了六天，齊國堅守，並燃烽火向金兵求援。韓世忠考量兵力不夠，而金國援兵即將到來，沒辦法，韓世忠只好出奇招了。

他單槍匹馬來到了淮陽城門口，還派人跟城裡的士兵講：「那個穿著織錦衣服，騎馬站在城門口的人，就是韓將軍。」

有人勸他說：「將軍，這樣太危險了！」

韓世忠說：「不這樣做，不能引誘敵人出城呀！」原來他把自己當作誘餌了。

不出所料，敵人果然出城來

攻擊他了。最後韓世忠雖然沒能攻下淮陽，但他臨危不懼的形象，已深深刻在眾人的心中。

　　韓世忠英勇無敵，為什麼不帶兵攻向北方，把兩個皇帝救回來呢？救回皇帝，收復國土，不是當初康王即位當皇帝時，最主要的目標嗎？只是皇帝心裡還有件不能說的心事呀！

15 皇帝的心事

　　想當初康王趙構臨危受命當上皇帝。建炎初年，金國大軍南下，他只能被金人追著跑，全無抵抗的能力。後來靠著韓世忠在黃天蕩的一戰，使得金國人再也不敢隨便渡過長江，攻打宋國。後來的幾年，靠著韓世忠、岳飛等幾名大將出生入死，跟金國周旋到底，高宗才總算是在南方安定下來。如果高宗皇帝沒有私心，完全為宋國著想的話，他應該想辦法厚植兵力，培養實力，圖謀收復失土，救回他的父親徽宗和哥哥欽宗才對。

　　但事實上，高宗皇帝並不是這樣想，他心裡有一個不能告訴別人的祕密：他希望他的父親和哥哥最好不要回來！因為他們如果回來的話，宋國就有三個皇帝

了。一個國家怎麼能有三個皇帝呢？到時候說不定他得回去當他的康王了。所以，剛開始他是真心誠意的高興將軍們打勝仗，把金國人趕跑，後來他倒是希望別贏太多，維持現狀就好。

另外，還有一件事也讓他覺得很擔心，這件事也跟他想保住皇位有關，就是那些擁有軍隊，擅長打仗的大將軍們，真的忠心嗎？如果，那些將軍們哪天舉兵叛變，他的皇位還是一樣保不住啊！因此，當韓世忠圍攻淮陽大有可為的時候，高宗下詔要他撤回楚州。

從紹興六年開始，韓世忠駐軍在楚州。他跟軍民同心，努力經營，把楚州建設得非常堅固。北方齊國皇帝劉豫在金國的支持下，好幾次派兵來攻打楚州，但是都被韓世忠給打跑了。因此金國人對劉豫的表現非常不滿意，

他們本來希望藉著劉豫來制服宋國，這樣金國也就等於統治了宋國。只是齊國一直無法完成任務。於是到了紹興七年，金國就把劉豫廢了，也沒有再找一個傀儡皇帝裝裝樣子，齊國就這樣滅亡了。

韓世忠趁機收服山東一帶的江湖豪傑、販夫走卒，大家對韓世忠都心服口服，並且約好如果有外敵入侵的話，立刻聚集楚州來幫韓將軍。韓世忠這時對內不用操心，對外則聽到了齊國滅亡的大好消息！

「這真是不可多得的好機會呀！如果想要收復北方的失土，救回兩位皇帝，應該利用這一次的機會，招納齊國那些不願意歸順金國的軍民士兵，然後一鼓作氣的攻向金國！」

韓世忠向皇帝請求，准許他帶領手下全部士兵向北進攻！但

是秦檜卻主張要跟金國講和，不要再打仗了，皇帝也表贊同，所以就命令韓世忠移防到鎮江。

韓世忠接到命令非常著急，馬上上一封奏摺給皇帝：「金國人詭計多端，如果我們不趕快行動的話，就會錯失良機！我恐怕他們說的和談只是緩兵之計，請皇上准許我這批軍隊留在這裡，保護江、淮兩地。」

然後他又十萬火急的寫了十幾封奏摺，一再表示在這個時機跟金國談和絕對是錯誤的。他願意率領軍隊北伐，就是為國捐軀也在所不惜。如果沒辦法完成使命，他再移防到鎮江也不遲呀！

相對於韓世忠的著急，高宗皇帝卻是一副悠閒的樣子。他對韓世忠的奏摺並不馬上批示，就是回答了，也只是誇讚他的忠心為國，並沒有答應他出兵的要求。韓世忠甚至急得要騎馬到皇

帝那裡，跟他當面報告。但是皇帝卻要他好好守在鎮江，不必來了！

後來，金國派使臣來宋國，對宋國皇帝宣讀金國皇帝命令，竟然用「詔」、「諭」這兩個字，這可都是皇帝對臣子說話時所用的字眼啊！韓世忠聽到了這個消息，馬上又上疏給皇帝：「千萬別答應跟他們和談呀！我願意帶兵跟金人決一死戰。金國兵力布署最重的地方，就讓我負責抵擋。」

這個全無私心，只為國家著想的建議，皇帝還是沒聽進去。韓世忠只得說得更明白一些：「金國人根本就是要把對待劉豫的那一套拿來對付我們。這樣一來，全國上下、大小官員，包括皇上您在內，全都成了金國皇帝的臣子。我擔心人民會失去信心，士兵會沒有士氣，這樣我們拿什麼

來跟《金國》對抗呢？」

韓世忠覺得光靠文字還不夠，再次請求騎快馬到皇帝那裡去，當面跟高宗說明和談的嚴重性。但是高宗還是要他留在駐守的地方，不必多說。

看來韓世忠是無法說服高宗了，但是他真的不願意當金國人的臣子啊！當兩位皇帝剛被抓走，當今皇上匆匆即位的時候；當金國大軍向南侵略，皇帝被迫躲到海上去的時候，大家都還奮力抵抗，想要收復國土，救回兩個皇帝。現在情勢有利，勝伏連連，怎麼有和談稱臣的道理呢？皇帝不聽勸，韓世忠打算先行動了。

他在金國使臣經過的洪澤鎮埋伏，打算在金國人經過的時候把使臣殺掉，這樣一來，兩國的和談鐵定破局。可惜韓世忠的計策沒有成功，金國使臣安全的離

開了，這讓韓世忠懊惱不已。

　　韓世忠在帶兵打仗的時候，總是能摸透敵人的心思，出其不意的將敵人打敗。但是遇上了高宗皇帝，他好像完全不能了解皇帝的心事，那一連串反對和談的言論，不但沒有得到皇帝的認同，反而讓他得罪了一個朝廷上最有權勢的小人，為他將來的引退，埋下了一顆種子。

16

得罪小人

　　韓世忠一片忠心為國，希望趁著劉豫被廢的機會，向金國進攻。無奈皇帝不急，不願出兵。在韓世忠不斷上疏給皇帝的過程當中，他主戰的立場，跟全力主張和談的秦檜，產生了對立。就是這個時候，秦檜把韓世忠記上一筆，從此列入黑名單之中。

　　說起秦檜，他現在可是高宗皇帝跟前的大紅人。靖康元年，他曾經反對把國土割讓給金國，還特別指出金國人不僅貪得無厭，還狡猾多變，說的話不一定算數。秦檜甚至建議：金國派來的使者，應該住在皇宮外面的別館，以免他們在宮內到處亂逛，探聽機密。後來金國人把徽、欽兩位皇帝抓走，強迫朝廷官員推薦張邦昌當楚國皇帝的時候，秦

檜曾經大力反對。他主張要立新皇帝也該找宋國王室的趙家人才對，所以堅持不肯在推薦張邦昌的文書上簽名。這個堅持讓金國人十分惱火，就把秦檜跟兩個皇帝一起抓到北方去了。

秦檜到了北方，完全變成另外一個人似的，行為表現跟以前完全相反。他被分配到金國大將撻懶的手下工作。一開始他先想辦法接近撻懶身邊的人，給他們一些好處，請他們在撻懶的面前替他說好話，好改變撻懶對他的印象。然後他到處宣傳他贊成所謂「南自南、北自北」的說法。也就是南方的宋國管宋國的事，北方的金國管金國的事，兩國各管各的，井水不犯河水。經過一番努力，秦檜果然真的得到撻懶的信任，從此，他更是使出渾身解數，竭盡所能的巴結撻懶，漸漸的成了撻懶的心腹愛將。

　　不僅宋國，金國內部也有主戰派、主和派的分別。勇猛無敵的兀朮正是主戰派的大將，而秦檜的主人撻懶，則是主和派的代表。建炎四年，金國在扶植劉豫建立齊國壓制宋國的同時，也把秦檜放回南邊，希望他在南邊鼓吹和談的好處，好讓宋國的主和派牽制岳飛、韓世忠那些主戰派的攻擊行為。

　　按照道理來說，秦檜是被金國抓去的俘虜，從金國回到宋國，應該是「逃」回來的才對。可是他帶著老婆孩子、僕人婢女，甚至磨墨給他寫字的小僮，全都一起回來了。當他們一群人浩浩蕩蕩的來到高宗皇帝所在的杭州城時，確實有人提出一些疑問。

　　「從金國的燕京一路到我們杭州，這麼長的路程中，金國人設立的那些關卡難道都是假的？

這麼一大群人都沒發現，難道那些士兵都瞎了嗎？」

「就是啊！奇怪的事還不只這些呢！聽說連秦檜的書僮都回來了，其他那些一起被抓的官員怎麼一個都沒逃出來？」

可是這些懷疑的聲音不大，因為人們一想起秦檜被抓到燕京去的原因，是不肯聽從金國人的命令推薦張邦昌當皇帝；再想起他曾經極力主張不能割讓國土的理由，是因為金國人狡猾奸詐，不能信任，就再也沒有人懷疑秦檜可能背叛宋國，和金國合作了。於是有人替秦檜說話了：「如果秦檜是金國人故意放回來當奸細的，應該會把他的老婆孩子留在燕京當作人質啊！現在他們一家大小都回來，這就表示秦檜他們真的是把監視他們的金兵殺了逃出來的。秦檜不但忠心，還很勇敢呢！」

　　不過這些閒言閒語都不重要，重要的是高宗皇帝的態度。如果他也懷疑秦檜回來的經過，那秦檜一家只有死路一條了。可是當皇帝跟秦檜長談一番過後，對他非常欣賞，主要原因是皇帝自己想的就是要「南自南、北自北」的偏安狀況呀！尤其是聽到秦檜說他跟金國大臣關係良好，皇帝更是高興得到了一個和談的得力助手，於是很快的就讓秦檜當官，到紹興元年甚至還讓他當上了宰相。

　　這段時間，秦檜摸清楚皇帝的心事，知道他擔心皇位問題，所以就在朝廷上一再提倡「南自南、北自北」的和談觀念。這種做法確實讓皇帝越來越喜歡他了，因為他把皇帝不敢也不能說出口的願望都說出來了呀！但是這也惹惱了一些忠心愛國的臣子，他們一再向皇帝反映秦檜專

講和談，阻撓恢復國家大業，破壞民心士氣，不能讓他再當宰相了。皇帝當然不能說出秦檜的主張正是他的想法，不得已只好罷免他宰相的職位，但還是相當重視他。

韓世忠一再向皇帝表示願意帶兵北伐的主張，讓秦檜很不高興。秦檜又在高宗面前力主和談。是和還是戰，高宗皇帝一時無法做出決定。

紹興七年，金國那邊傳來消息，徽宗皇帝在紹興五年的時候就死了。於是高宗派使者去金國，希望迎回徽宗遺體。使者回來的時候，也帶回了金國和談的條件——如果兩國談和，他們願意歸還宋國部分土地，並同意徽宗遺體南運，還有高宗的親生母親韋太后也可以回到宋國，但黃河以北歸金國所有；金國皇帝封高宗為宋國皇帝，每年向金國進

貢。高宗一聽和談有希望了，就讓主和派的秦檜再當宰相，正式跟金國談判，紹興九年達成和議。

紹興十年，金國掌權的撻懶被殺，主戰派的兀朮違背盟約，帶兵攻向南方。一些被宋軍收回的齊國土地，現在又被金國搶走了，各地戰事又起。

這一次，在兀朮的帶領下，金國大軍一路由北而南，勢如破竹，除了韓世忠零星的幾場勝仗之外，宋國幾乎無人能擋。高宗得到金兵攻來的消息，嚇得趕緊詔告岳飛，率兵抗金。岳飛果然不負眾望，連敗金軍；韓世忠奮勇抗敵，阻撓金國南下。這些驍勇的宋國大將，逼得金兵退回黃河以北，不敢再輕易南渡。

只是主和的秦檜當宰相，那些忠心為國的主戰派，不是被殺就是丟官，一心主戰收復失土的

　　韓世忠，也難逃他的算計。原本
還抱一線希望的韓世忠，在岳飛
身上看到了真正的絕望！

17 莫須有

　　紹興十年七月，岳飛的大軍進駐朱仙鎮，這裡距離汴京只有四十五里遠了。宋國軍隊士氣大振。

　　眼看岳飛就要把金國打垮，秦檜卻在朝廷這邊忙著扯岳飛的後腿。他先假傳聖旨，把韓世忠等將領的大軍往南調，而且下令不能隨便移動大軍。然後秦檜又假意說，岳飛在北邊孤軍奮鬥，為了他的安全，也為了保全實力，請高宗下令要岳飛趕快帶兵回朝。

　　皇帝可能真的以為岳飛孤軍奮鬥，也可能知道是秦檜在搞鬼，只是他自己也不希望接回欽宗，讓自己的皇位不保，所以就下令要岳飛班師回朝。秦檜擔心岳飛違抗命令，不肯回朝，竟然

假借皇帝的旨意，一天之內發了十二道金牌＊，非要岳飛退兵不可。岳飛不得已班師回朝，原先收復的土地又被金國人占領了。

這樣的事情，看在同是主戰派的韓世忠眼裡，自然是為痛失良機而悲痛萬分。只是皇帝一味聽從秦檜的意見，韓世忠也無能為力。

秦檜用十二道金牌把岳飛調回朝廷後，岳飛曾向皇帝上疏，想要辭去軍職，但是皇帝不答應。紹興十一年，兀朮又出兵攻打宋國，大軍進攻淮西。皇帝親自寫信給岳飛，要他帶兵抵抗。當岳飛到達盧州的時候，兀朮聽說岳家軍來了，不敢跟岳飛正面

放大鏡

＊**金牌** 是宋朝的超級快遞的信號。當時傳遞消息的方式有三種，最普通的是由人步行傳遞，用紅字牌作為信號；中等速度的是由騎馬的人來傳遞，用青字牌作為信號；超級快遞由人騎馬傳遞，不過在驛站會換人換馬，就像大隊接力一樣的傳下去，一天可以傳遞五百里，在那個時代是相當快的。

衝突，草草收兵走了。等到岳飛離開，兀朮又帶兵圍攻濠州。於是皇帝下詔書，要韓世忠前去解圍。

韓世忠的軍隊乘舟船來到招信縣，在聞賢驛這個地方遇見金國軍隊。雖然韓世忠派騎兵把金國人打跑了，但是這時候濠州城也已經被金國人攻破，宋國守將也已帶著軍隊逃向南方。韓世忠趕到濠州，跟金兵在淮河岸交戰，金人不敵，後來從渦口渡過淮河北歸，韓世忠成功的解除了濠州之危。

按照道理來說，高宗皇帝應該非常感激這些保衛國家安全的大將軍。可是實際上他卻非常擔心這些握有兵權的大將軍造反。加上宰相秦檜極力主張跟金國和談，更是把主戰派的將軍們當作眼中釘。紹興十一年四月，存有私心的皇帝和圖謀不軌的宰相做

了一個決定：把韓世忠升官成為樞密使，岳飛成為樞密副使。表面上看來，他們都升官了，實際上卻是把他們留在皇帝身邊，不能在外帶兵打仗。

韓世忠因為反對秦檜的主張，最後落得成為一個失去戰場的將軍，他卻一點也不後悔自己主張作戰到底，以求收復失土的立場。他甚至還一再上疏給皇帝，指責秦檜耽誤國家大事，應該受到處罰。秦檜當然恨透了韓世忠，想盡辦法要找出韓世忠的把柄，置他於死地。

五月，秦檜對韓世忠展開行動，他請皇帝派張俊和岳飛一起到楚州去安置原先屬於韓世忠的部隊，正式解除韓世忠的兵權。張俊其實早就和秦檜同一個鼻孔出氣，還好有岳飛堅持摸著良心做事情。當張俊和岳飛去跟秦檜辭行的時候，秦檜故意說：「你們

去到楚州，要小心防備士兵造反哪！」

張俊一聽就知道秦檜的意思，是要他們假借士兵造反，栽贓給韓世忠。耿直的岳飛卻說：「韓樞密回來朝廷這裡，他留在楚州的軍隊就是朝廷的軍隊，有什麼好反的？」

岳飛這些話讓秦檜很不高興，認為岳飛很不合作。後來張俊又跟岳飛說：「皇上把韓樞密留下來，只派我們兩個人去楚州，就是要把他的軍隊分配給我們兩個。」

岳飛這回真的生氣了，他說：「國家的希望寄託在我們幾個將領身上，我們應該團結合作才對。如果有一天皇上再叫韓樞密帶兵，我們現在分了他的軍隊，到時候有什麼臉來面對他呢？」

張俊被岳飛說得啞口無言，心裡更是記恨岳飛。

　　等他們到了楚州，有一個韓世忠的老部下說了一句無心的話，卻被秦檜的奸細拿來大作文章。那個老部下說：「如果這兩位樞密大人把楚州的軍隊分了，可能會有變故發生喔！」

　　這句話傳到秦檜那裡，變成了韓世忠唆使部下造反，這可是死罪一條的大事呀！還好岳飛事先知道消息，趕快想辦法通知韓世忠去跟高宗解釋清楚，韓世忠才逃過一劫。只是秦檜知道是岳飛通知韓世忠的，對岳飛就更加懷恨在心了。

　　經過這些事件，韓世忠漸漸看清楚皇帝的心思，加上皇帝一再把他上疏指責秦檜的奏摺置之不理，更是讓他心灰意冷。於是韓世忠再三請辭，不想當官了。紹興十一年十月，皇帝接受他的辭呈，封他為福國公，從此韓世忠不再過問朝廷大事，他關起門

來不接見任何客人，也不再談論帶兵打仗的事情。

秦檜除去韓世忠的兵權，封住了韓世忠的嘴巴，朝廷上的主戰派，就剩下他最討厭的岳飛了。

狡猾的兀朮一邊放出和談的風聲，一邊又常常出其不意的攻打宋國。他對岳飛是又怕又恨。本來所向無敵的金國四王子，在朱仙鎮被岳家軍打得一敗塗地，此仇怎能不報？再說不把岳飛除掉，金國沒人打得過他呀！所以兀朮就派人傳遞消息給秦檜說：「要和談可以，你們得先把岳飛殺死！」

秦檜本來就討厭岳飛，現在更是非把他除掉不可。他先叫手下万俟卨彈劾岳飛，說他援救淮西的時候，故意拖延時間，沒有盡力；去巡視楚州的時候，又說楚州守不住，讓民心動搖；而且

態度傲慢，不屑當樞密副使，請高宗下令處罰他。皇帝不准，秦檜只好另外再想辦法。

秦檜找到了一個叫做王俊的人，他本來是岳飛的部下，因為作戰沒有功勞，所以一直不能升官，便把怨恨記在岳飛頭上。他聽從秦檜的指示，誣告岳飛另一個部下張憲帶兵謀反。秦檜的同夥張俊親自審問張憲，硬要張憲說是岳飛的兒子岳雲親筆寫信要他謀反的。張憲打死也不肯承認他沒有做過的事情，秦檜請皇帝下令叫岳飛父子來跟張憲對質，皇帝不答應，秦檜竟然又假傳聖旨捉拿岳飛父子。

秦檜最初派兩個官員來審理案件，岳飛脫掉上衣，露出背上「盡忠報國」四個大字，說了一句：「皇天后土，可表此心。」便不再多說什麼了。加上一直找不到所謂岳雲寫給張憲的信，所以岳

飛獲判無罪。秦檜當然不肯就此罷休，他又派万俟离重新審理這個案件，當然還是找不到所謂的證據，因為根本就沒有這回事呀！於是秦檜編了一個找不到證據的理由，說是岳雲寫給張憲的信被他們燒掉了，硬是要定岳飛的罪。

誰都看得出來，是秦檜故意栽贓，要置岳飛於死地，卻沒有一個人敢站出來說話。只有本來打算不問世事的韓世忠，實在吞不下這口氣，他親自去問秦檜，岳飛父子犯了什麼罪。秦檜大言不慚的說：「他們陰謀造反！」

韓世忠氣得吹鬍子瞪眼睛的說：「證據呢？你有證據嗎？」

「證據就是岳雲寫給張憲的親筆信，雖然那封信已經被他們燒掉了，不過，這件事情『莫須有』。」

莫須有的意思就是可能有、

大概有，也就是有沒有都沒關係，秦檜說有就是有！這根本就是強詞奪理的答案哪！

韓世忠無奈的說：「『莫須有』三個字怎麼能讓天下人信服呢？」

秦檜根本就不管天下人信不信服，最後硬是把岳家父子定罪，張憲和岳雲在刑場上處斬，岳飛則是被秦檜和万俟离假造皇帝旨意，賜死在監獄之中。

岳飛死了，韓世忠封口了，宋國收復失土的最後希望，也沒有了！

18 清涼居士

春天的西湖真是美極了，蘇堤上的柳樹冒出點點新綠的嫩芽；細細長長的柳條兒，隨著暖暖的春風款款擺動。蘇軾＊曾經寫過一首讚美西湖的詩：

水光瀲灩晴方好，
山色空濛雨亦奇。
欲把西湖比西子，
濃妝淡抹總相宜。

他說晴天的西湖很美，陽光照在水面上波光點點，水色瀲灩，景色迷人。雨天的西湖也很美，朦朧的山色倒映在水中，有

放大鏡

＊蘇軾：是北宋的大詩人，曾經在杭州擔任地方官，大力整頓西湖，把西湖整理得更加漂亮。人們為了紀念他，就把他在西湖築的一道長堤稱為蘇堤。蘇堤春曉是西湖十大美景之一。

143

一股神祕奇特的氣氛。用古代的美女來做例子，西湖就像麗質天生的西施一樣，不管是濃妝還是淡妝都很美麗。其實，西湖不只晴天美麗、雨天美麗，它春、夏、秋、冬都很美麗！春花秋月，夏荷冬雪，西湖四季美景的變換，讓人流連忘返。

高宗紹興十一年後，西湖這個美麗的地方，常常出現一個神祕的老人。這老人總是騎著一頭驢子，帶著幾個服侍他的小僮，和一壺好酒，四處欣賞風景。老人自稱「清涼居士」，他身材高大，目光炯炯有神，但是並不多話。

細心的人或許會發現，老人的手上、臉上，一些沒被衣服遮住的地方，有許多深深淺淺的疤痕。尤其是那十隻手指，竟然只有四隻是完好如初的，其他六隻全都傷痕累累，讓人怵目驚心！

老人絕口不提這些舊傷的事情，有人問起，他只是灌一大口美酒，說：「過去的事情，提它做什麼？喝酒！喝酒吧！」

老人不說話，卻常常面對西湖美景，陷入長長的沉思當中。他想起了那個血氣方剛的小流氓，和那個算命很準卻捱了好幾拳的倒楣算命仙，不禁輕輕的搖了搖頭。

他想起了跟那個淪落在京口妓院的武將千金小姐，第一次見面的情形；想起她帶著兒子策馬狂奔一日一夜趕到秀州的情形；想起她在黃天蕩打鼓助陣的樣子，老人的頭點了又點，露出難得的溫柔神情。

他想起了那一場又一場殺聲震天的戰爭，一個又一個奮勇向前的弟兄，還有一群又一群的金國士兵。他還想起那兩個被抓走的皇帝，那些被占領的土地，和

那個驍勇善戰的青年將軍。皇帝還沒回來，土地仍被占領，年輕的將軍卻已經冤死！

「唉！過去的事情，提它做什麼？喝酒！喝酒吧！」

老人伸手擦擦嘴角的酒汁，順便抹去眼角的淚珠，他該說的都說了，可是該聽的人完全聽不進去，聽不進去呀！

沒錯，這老人正是辭去樞密使職位的韓世忠。

在岳飛被秦檜設計冤枉而死之後，原本就不問朝廷之事的韓世忠，更是閉門謝客，絕口不提國家大事了。

紹興十一年，宋國和金國達成協議，宋國要再割讓唐州、鄧州和陝西的一半給金國，每年還要給金國貢銀二十五萬兩，絹布二十五萬匹，而且宋國皇帝要跟金國皇帝自稱為臣，也就是宋國皇帝是金國皇帝的臣子。金國則

將徽宗的梓宮＊和高宗的親生母親韋太后送回南方。

紹興十二年，高宗皇帝改封韓世忠為潭國公。十三年，皇帝又封韓世忠為咸安郡王。十七年，改為鎮南、武安、寧國節度使。這些官名聽起來很了不起，不過都沒有實際的權力，但是韓世忠也沒有因為這樣而難過。解除兵權、避談國事之後，他生活平淡，喜歡研究佛學、老子不與人爭的思想，因此，自稱清涼居士。

後來，韓世忠生病了，皇帝派御醫去幫他看病。以前的老部屬們來探望他，大家都替他擔心難過。韓世忠反而安慰他們說：「我一個平民百姓，憑著在戰場上的功勞當上王公這種大官，全

＊梓宮　對皇帝、皇后棺木的尊稱，因其棺木以梓木製作而得名。

靠老天爺保佑，我才沒有戰死沙場。能夠留著這顆腦袋死在家裡，你們為什麼還要替我難過呢？」

可見他對於自己的死一點都不怕，最遺憾的應該還是不能為宋國收復失土吧！

紹興二十一年八月，韓世忠過世，進拜為太師，皇帝追封他為通義郡王。身後留下妻子梁紅玉及三個兒子。三個兒子都具備過人的才華，在偏安的南宋王朝有不凡的表現。

1089 年	出生。
1105 年	投身軍旅。
1120 年	隨王淵鎮壓方臘叛亂，於清溪峒生擒方臘。
1126 年	平山東內亂，授單州團練使，屯守滹沱河。
1127 年	高宗在南京即位。建議移都長安，收復兩河。後來，金兵南下，保護高宗退往揚州。
1129 年	平苗劉之變。
1130 年	以八千兵力，將金國兀朮十萬大軍困於黃天蕩四十八日之久，讓金兵不敢輕易渡江南下。
1134 年	大儀一仗大敗金兵，朝廷內外一致推崇此戰為「中興武功第一」。

1141 年	解濠州之圍，阻擋金國南下勢力。四月，升任樞密使，實則被解除兵權。十月，上疏辭官獲准，封福國公。
1142 年	力保岳飛不成，岳飛被秦檜誣陷，以莫須有罪名假詔賜死。從此不問政事。
1151 年	病逝。

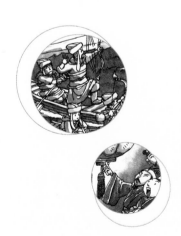

獻給孩子們的禮物

「世紀人物100」

訴說一百位中外人物的故事

是三民書局獻給孩子們最好的禮物！

◆ 不刻意美化、神化傳主，使「世紀人物」
　更易於親近。

◆ 嚴謹考證史實，傳遞最正確的資訊。

◆ 文字親切活潑，貼近孩子們的語言。

◆ 突破傳統的創作角度切入，讓孩子們認識
　不一樣的「世紀人物」。

國家圖書館出版品預行編目資料

黃天蕩裡真英雄：韓世忠 / 陳素宜著;杜曉西繪. ——
初版二刷. ——臺北市：三民，2012
面；　公分. ——(兒童文學叢書 / 世紀人物100)

ISBN 978-957-14-4844-2　（平裝）

1.(宋)韓世忠 2.傳記 3.通俗作品

782.85　　　　　　　　　　　　　　　96016058

© 　黃天蕩裡真英雄：韓世忠

著 作 人	陳素宜
主　　編	簡　宛
繪　者	杜曉西
發 行 人	劉振強
著作財產權人	三民書局股份有限公司
發 行 所	三民書局股份有限公司
	地址　臺北市復興北路386號
	電話　(02)25006600
	郵撥帳號　0009998-5
門 市 部	(復北店)臺北市復興北路386號
	(重南店)臺北市重慶南路一段61號
出版日期	初版一刷　2007年11月
	初版二刷　2012年1月修正
編　　號	S 781470

行政院新聞局登記證局版臺業字第○二○○號

有著作權·不准侵害

ISBN　978-957-14-4844-2　（平裝）

http://www.sanmin.com.tw　三民網路書店